你的智能教学助手

应用AI工具高效辅助教学

AI知学社 ◎ 组编
崔康 高慧敏 刘占亮 方莎 ◎ 编著

机械工业出版社
CHINA MACHINE PRESS

本书以"AI辅助教学"为主线，系统介绍了AI如何有效赋能教学过程的各个环节，为广大教育工作者提供了一整套智能教学方案。全书共8章：智能教学时代已来、你的智能教学助手——必备的AI工具、掌握与AI助手的沟通技巧——提示词、AI辅助课程设计、AI辅助教学素材创作、AI辅助PPT课件制作、AI辅助试卷设计与教学总结、打造AI智能体助力教学创新。

全书内容分为两大部分，其中第1~3章主要介绍AI辅助教学的各类工具和提示词框架，第4~8章通过深入教学过程的各个环节，讲述了如何利用AI工具全面提升教学工作效率，帮助教师从日常繁杂重复的任务转向创新教学探索，成为AI时代的高效率教学人才。

本书适合各个层面的教育工作者，包括大中小学一线教师、教研员、主管教务教学的负责人，也可供培训讲师、师范类学生作为参考书使用。

本书配有提示词模板、学习辅导视频，读者可通过扫描关注机械工业出版社计算机分社官方微信公众号——IT有得聊，回复本书5位书号78698获取。

图书在版编目（CIP）数据

你的智能教学助手：应用AI工具高效辅助教学／AI知学社组编；崔康等编著. -- 北京：机械工业出版社，2025.7（2025.10重印）. -- ISBN 978-7-111-78698-6

Ⅰ．G434

中国国家版本馆CIP数据核字第202588RL10号

机械工业出版社（北京市百万庄大街22号　邮政编码100037）
策划编辑：王　斌　　　　　　　　　　责任编辑：王　斌
责任校对：赵　童　李可意　景　飞　　责任印制：单爱军
保定市中画美凯印刷有限公司印刷
2025年10月第1版第2次印刷
165mm×225mm・15.75印张・221千字
标准书号：ISBN 978-7-111-78698-6
定价：79.90元

电话服务　　　　　　　　　　　网络服务
客服电话：010-88361066　　　　机　工　官　网：www.cmpbook.com
　　　　　010-88379833　　　　机　工　官　博：weibo.com/cmp1952
　　　　　010-68326294　　　　金　书　网：www.golden-book.com
封底无防伪标均为盗版　　　　　机工教育服务网：www.cmpedu.com

前言

关于本书

  2025 年 1 月，DeepSeek-R1 大模型的惊艳登场，如同一颗璀璨的新星划破夜空，在我国掀起了基于大语言模型的生成式人工智能的应用和普及热潮。这股热潮迅速席卷教育领域，"AI 教学""智能助手""智能体"等词汇出现在教师们的日常工作和交流中。

  在教育行业，教师们对 AI 赋能的期望尤为迫切。曾经，备课、批改作业、设计教学方案等烦琐的工作耗费了教师大量的时间和精力，传统教学模式在效率和个性化教学方面的局限日益凸显。如今，随着 AI 技术的发展，越来越多的教师开始思考："如何让 AI 助力教学，提升教学质量和效率？""在智能教学时代，教师该如何应对新的挑战和机遇？"这些问题成为教育领域的热点话题，也让教师们真切地感受到智能教学时代正在向我们迫近。

  人工智能技术虽看似高深，但辅助教育的 AI 产品却充满"亲和力"。国内外众多科技公司推出的 AI 工具，如 DeepSeek、豆包、元宝、Kimi、ChatGPT 等，正以简单易用的方式走进教育教学领域。这些 AI 工具无需教师具备深厚的技术背景，只需通过日常对话式的交互，就能辅助完成教学大纲撰写、教案生成、作业批改等多项工作，真正让 AI 辅助教学从理论走向实践，用于日常教学。

  本书将深入浅出地为教师详细讲解如何熟练运用各类 AI 工具，让其成为智能教学助手，高效辅助教学工作。本书也是继《你的智能办公助手：用 AI 轻松提升工作效率》《你的智能创作助手：用 AI 快速生成高质量图片、音乐、视频》之后，"智能助手"系列图书的第三本，希望新老读者能够从中有所启发和获益。

内容导读

第 1 章 以大模型技术普及为切入点，阐述"AI+教学"从理想落地为现实的趋势，解析智能教学的核心概念，介绍 AI 技术在课程设计、PPT 制作、试卷规划等多元教学场景中的应用，明确教师需掌握的核心 AI 技能，强调智能教学中技术应用的原则，引导教师正确认识 AI 工具的能力边界与 AI 生成内容的甄别要点。

第 2 章 系统梳理教育领域常用的 AI 工具，如 DeepSeek、豆包、元宝、Kimi 等，对比其功能特性与适用场景，提供"工具选择—功能解析—实践应用"的知识框架。通过实操案例演示工具上手流程，如用 DeepSeek 生成发言稿、即梦 AI 生成古诗配图，助力教师零基础掌握 AI 工具使用技巧。

第 3 章 聚焦提示词的核心作用，介绍从基础公式（角色设定+背景信息+任务目标+输出要求）到进阶技巧（多轮交互、细节描述、任务拆解）的提示词使用方法，结合教学案例对比"好"与"差"提示词的差异，帮助教师精准引导 AI 生成高质量教学内容，覆盖教学设计、学情分析等复杂场景。

第 4 章 围绕教学大纲设计、授课计划制订、教案编写等核心教学环节，展示 AI 如何辅助对标人才培养方案，智能拆分知识单元，设计 5E 教学模式、基于 OBE 理念的教案等，生成学情分析问卷与分层作业，融入课程思政元素，实现从目标分解到教学实践的全流程智能化。

第 5 章 探索 AI 在生成多媒体教学素材中的应用，详解 AI 生成图片的万能提示词公式，演示 DeepSeek 与即梦 AI 结合生成教学配图、历史场景复原、名画风格再现的全流程。同时介绍 AI 辅助视频设计、教师数字人创建，为课堂注入多维创新元素。

第 6 章 聚焦 PPT 课件制作全流程，介绍主流智能 PPT 工具的功能差异，演示从大纲生成、模板匹配到智能美化、在线编辑的操作路径。通过案例对比原始生成的 PPT 与优化后的效果，强调格式适配与多模态内容整合，提升课件制作效率与视觉吸引力。

第 7 章 阐述 AI 在试卷设计中的全场景应用，包括随堂测试、期中期末试卷生成，题库构建及在线阅卷统计。结合教学数据可视化（雷达图、思维导图）

与多维度教学总结报告的撰写，展示如何通过 AI 实现从试题生成到总结分析的闭环管理，提升教学评估的精准性与效率。

第 8 章　解析 AI 智能体（AI Agent）的技术架构与教育应用价值，介绍 Manus、扣子、Dify 等主流 AI 智能体的功能特性。通过实战案例指导教师创建"虚拟教师"智能体，构建个人 AI 知识库，开发智能教案生成助手，推动教学向个性化、智能化方向深度变革，释放教师创造力。

本书受众

本书内容适用于各个层面的教育工作者，包括大中小学一线教师、教研员、主管教务教学的负责人等，对 AI 辅助教学零基础的读者可以由浅入深逐步了解 AI 工具在教学过程中的使用方法，稍有经验的读者也可以从书中的进阶技巧和 AI 赋能教学的各个环节中得到启发。尤其是每天面对重复性流程化工作任务的一线教师岗位，本书可以带来显著的教学效率提升。除教师群体外，本书也非常适合作为 AI 辅助教学领域的辅导书、实训手册、科普读物，面向师范类学生、社会培训机构讲师以及其他对这一领域感兴趣的读者。

致谢

本书是集体创作的结晶，几位作者通力合作，高效完成了从图书立项、结构规划到内容编写、后期修订的全过程。

首先感谢机械工业出版社的编辑团队，在他们的专业指导下，包括本书在内的"智能助手"系列图书得以成功出版，并以高质量、实用性赢得读者的良好口碑，成为畅销精品。

感谢 AI 领域资深专家马国宁老师，他积极参与了本书教学案例设计和实操环节等工作，为本书的专业性提供了有效支撑。

感谢 AI 智能体专家叶剑武老师，他投入了大量精力在教学智能体的设计和搭建上，为本书引入了最新的实用 AI 技术。

感谢段珊珊老师，她在图书前期调研阶段提供了第一手的教学经验和写作建议，对本书的内容组织非常有启发。

　　感谢黄真老师，他在图书创作阶段，协调各方面资源提供保障支持，确保本书能够按时完成。

　　一本书从创作到最终出版需要太多人的支持，恕不能在这里一一列出。感谢每一位为本书贡献过力量的老师，希望本书的出版能够回馈每位老师的期待。

　　希望读者们能够从本书中获得实用的技能和创新的启发，在 AI 大模型时代找到并实现属于自己的价值和成就！

崔　康

目录

前言

第1章 智能教学时代已来

1.1 什么是智能教学   1
  1.1.1 智能教学：应用 AI 助手处理日常教学工作   2
  1.1.2 传统教学的痛点   3
  1.1.3 智能教学的优势与特点   4
  1.1.4 AI 大模型：引爆"AI+教学"变革   6

1.2 AI 智能教学的主要场景   7
  1.2.1 教学大纲与教案设计   7
  1.2.2 教学 PPT 设计与制作   9
  1.2.3 试卷设计与教学总结   10
  1.2.4 辅助教学智能体   12

1.3 教师必须掌握的 AI 教学技能   13
  1.3.1 熟练掌握与 AI 助手的沟通技巧   13
  1.3.2 熟练应用 AI 辅助各类教学工作   15
  1.3.3 掌握各类 AI 辅助生成内容的鉴别能力   16

第2章 你的智能教学助手——必备的 AI 工具

2.1 常用的 AI 辅助教学工具   18
  2.1.1 DeepSeek   19
  2.1.2 豆包   21
  2.1.3 Kimi   23

2.1.4 元宝 24
2.1.5 即梦 AI 26
2.2 AI 工具初上手 30
2.2.1 用 DeepSeek 辅助生成开学典礼发言稿 30
2.2.2 用即梦 AI 辅助生成古诗配图 32

第 3 章 掌握与 AI 助手的沟通技巧——提示词

3.1 提示词是教师与 AI 交互的"语言" 35
3.1.1 提示词基本公式 36
3.1.2 "好"提示词与"差"提示词的对比分析 37
3.2 提示词应用技巧 40
3.2.1 利用 AI 优化及提示词模板快速积累优质提示词 40
3.2.2 提示词进阶公式 43
3.2.3 巧用细节及多轮交互提升提示词成效 45

第 4 章 AI 辅助课程设计

4.1 使用 DeepSeek 辅助设计教学大纲 52
4.1.1 智能生成教学大纲框架 53
4.1.2 自动化对标培养方案 61
4.2 使用 DeepSeek 辅助制订授课计划 63
4.2.1 智能拆分知识单元并制订授课计划 63
4.2.2 实践环节智能排布 66
4.3 使用 DeepSeek 辅助生成教案 67
4.3.1 5E 教学环节自动填充 67
4.3.2 智能匹配成果导向教育（OBE）理念 70
4.4 使用 DeepSeek 辅助完成学情分析 73
4.4.1 智能问卷设计 73
4.4.2 学情分析自动生成 78

4.5 使用DeepSeek辅助设计课程配套作业　　　　　　81
　　4.5.1 分层作业智能生成　　　　　　81
　　4.5.2 作业批改标准制定　　　　　　83
4.6 使用DeepSeek辅助设计课程思政内容　　　　　　85
　　4.6.1 思政元素智能匹配　　　　　　85
　　4.6.2 价值观引导及互动讨论的自动生成　　　　　　87
4.7 使用DeepSeek辅助增加教学案例和互动环节　　　　　　88
　　4.7.1 行业案例智能更新　　　　　　88
　　4.7.2 师生互动快速设计　　　　　　91

第5章 AI辅助教学素材创作

5.1 AI辅助教学图片设计　　　　　　93
　　5.1.1 AI生成图片万能提示词公式　　　　　　94
　　5.1.2 使用DeepSeek+即梦AI生成教学配图　　　　　　99
　　5.1.3 使用百度AI图片助手剪辑处理图片　　　　　　110
5.2 AI辅助教学视频设计　　　　　　115
　　5.2.1 AI生成视频万能提示词公式　　　　　　115
　　5.2.2 使用即梦AI让历史人物"讲课"　　　　　　119
　　5.2.3 使用即梦AI生成教学配套视频　　　　　　122
　　5.2.4 使用即梦AI生成教师3D数字人　　　　　　126
　　5.2.5 使用剪映软件剪辑教学视频　　　　　　130

第6章 AI辅助PPT课件制作

6.1 辅助制作PPT课件的AI助手　　　　　　139
6.2 使用AI工具辅助制作PPT课件　　　　　　145
　　6.2.1 使用DeepSeek快速生成PPT大纲　　　　　　145
　　6.2.2 使用讯飞智文生成完整教学PPT课件　　　　　　147
　　6.2.3 使用百度文库智能助手美化PPT课件　　　　　　151
　　6.2.4 使用百度文库在线编辑PPT课件　　　　　　159

第 7 章 AI 辅助试卷设计与教学总结

7.1 AI 辅助试卷设计 …… 166
    7.1.1 使用 DeepSeek 辅助生成随堂测试题 …… 166
    7.1.2 使用 DeepSeek 辅助生成期中期末试卷 …… 168
    7.1.3 使用 DeepSeek 辅助创建课程题库 …… 172

7.2 AI 辅助教学数据可视化 …… 177
    7.2.1 使用 DeepSeek 生成数据表格 …… 177
    7.2.2 使用 DeepSeek+ECharts 制作雷达图 …… 179
    7.2.3 使用 DeepSeek+ProcessOn 制作思维导图 …… 183

7.3 AI 辅助生成教学总结 …… 186
    7.3.1 使用 DeepSeek 辅助分析教学数据 …… 186
    7.3.2 使用 DeepSeek 生成各类教学分析图表 …… 190
    7.3.3 使用 DeepSeek 辅助生成教学总结报告 …… 195

第 8 章 打造 AI 智能体助力教学创新

8.1 什么是 AI 智能体 …… 201
    8.1.1 AI 智能体和工作流 …… 201
    8.1.2 AI 智能体的教学应用场景与价值 …… 204
    8.1.3 AI 智能体平台介绍 …… 206
    8.1.4 AI 智能体初上手：创建"虚拟教师" …… 211

8.2 构建教师个人 AI 知识库 …… 216
    8.2.1 使用腾讯 ima 搭建在线 AI 知识库 …… 216
    8.2.2 使用 DeepSeek+Ollama+Cherry Studio 搭建本地知识库 …… 221

8.3 开发智能教案助手 …… 231
    8.3.1 智能教案助手原理与工作流程 …… 231
    8.3.2 使用 Coze 开发智能教案助手 …… 233

第 1 章

智能教学时代已来

随着大模型技术的推广普及，"AI+教学"正在从理想走进现实，智能教学时代已然到来。从课程设计、PPT 制作到多媒体创作、试卷规划、教学总结，以大模型为底座的 AI 工具和产品尝试帮助教师们从传统繁杂的教学任务中解放出来，使其把更多精力放在创新性的工作上。而要实现这个目标，智能教学时代的教师们需要学习和掌握相应技能和工具。

本章作为全书的开篇，主要目的是让教师们对"AI+教学"的各方面有一个系统性的了解，针对智能教学的基本概念做了重点介绍，详细展示了 AI 技术和工具在日常教学中的应用场景与显著优势，随后列举了智能教学时代教师们需要掌握的核心 AI 技能，最后提醒教师们要正确认识 AI 工具的能力和限制，对 AI 生成的内容进行严格甄别。

本章要点：
- 解析智能教学的核心概念
- 全景呈现智能教学的多元场景
- 明确教师在智能教学时代需掌握的核心技能
- 强调智能教学中技术应用的基本原则

1.1 什么是智能教学

智能教学的概念十分宽泛，凡在教学过程中运用信息化和智能化手段提升教学效率、优化教学效果的方式，都可纳入智能教学的范畴。不过，本书重点关注人工智能（Artificial Intelligence，AI）技术在教学中的应用，所以本书中提及的"智能教学"，特指借助 AI 技术和工具处理各类日常教学工作，涵盖从课程设计、教学素材创作，到学生管理、教学评估等多个环节，以实现教学效率的提升与教学效果的优化。

1.1.1 智能教学：应用 AI 助手处理日常教学工作

在智能教学场景中，教师可使用各类"AI 助手"完成多样化任务。本书中出现的"AI 助手"或者"AI 工具"只是一个约定俗成的名词，也就是各大 AI 科技公司提供的面向普通用户或者教师的 AI 产品和服务。尽管名称有别，但面对教学场景时，使用方式较为统一：在 AI 助手输入框内输入教学需求（即提示词，第 3 章将重点介绍），AI 助手便会生成相应答案、提供教学资料或辅助完成教学活动。

例如，在本书后面提到的 AI 助手中，深度求索 DeepSeek 可用于辅助教师撰写教学大纲、生成教案；字节豆包能在教学大纲设计、教学 PPT 制作等方面提供支持；月之暗面 Kimi 凭借强大的长文本处理能力，可帮助教师辅助生成长篇教育调研报告和分析学生的作业或论文；即梦 AI 作为多媒体创作工具，能辅助生成教学所需的图片、视频等素材；智能体平台如 Manus、扣子、Dify 等，则可用于开发教学智能问答助手、构建虚拟教师等。

在智能教学场景下，得益于大语言模型出色的理解能力，无论教师输入的问题是否具体详细，AI 助手都会尝试理解并给出解答。以图 1-1 和图 1-2 为例，用户向 DeepSeek 提问"智能教学中，如何应用 AI 处理日常教学工作"，DeepSeek

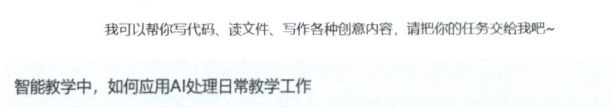

图 1-1　向 DeepSeek 提问

随即给出了详细回答,轻松完成一次智能教学场景的交互。其背后融合了自然语言处理、大语言模型推理、联网检索等人工智能技术,教师完全无须关心这些复杂技术细节,只需像日常聊天一样提问即可。AI 助手能在极短时间内,从网络信息、教育资源库、前沿学术平台等抓取相关信息,并整合成高度专业的教学建议,与传统手动查阅资料相比,效率呈指数级提升。这种零基础、高效率的使用体验,让 AI 助手成为智能教学中不可或缺的得力工具,也正是其在教育领域得以迅速推广的关键所在。

图 1-2 DeepSeek 的回答

1.1.2 传统教学的痛点

传统教学模式在多个关键环节暴露出明显短板。在教学准备阶段,教师通常需要投入大量时间与精力,手动设计教学大纲,逐字逐句编写教案,按部就班制作 PPT。这一系列工作不仅流程烦琐,而且多为重复性劳动,效率极为低下。

在设计教学大纲时,教师需依据课程标准,深入剖析学科知识体系,结合学生的认知水平与过往学习情况,精心规划教学内容的先后顺序、重点难点分布等。这一过程中,教师通常要翻阅大量的教材、参考书籍以及教育研究文献,逐页比对、筛选信息,手动梳理出适合本次教学的大纲框架。而编写教案更是一项艰巨任务，教师需逐字逐句斟酌教学目标的表述，详细规划教学过程中的每一个步骤，从课程导入的方式、提问的设计，到知识点讲解的逻辑顺序、案例的选取，再到课堂总结与作业布置等，都要精准呈现于教案之中。同时，为了让教学更加生动形象，教师还需精心制作 PPT，从挑选适配的图片、图表，到设计美观的页面布局，调整字体格式、颜色搭配等，每一个细节都不容忽视。

这一系列教学准备工作，流程极为烦琐复杂，且其中存在大量的重复性劳动。例如，在编写不同章节的教案时，教学环节的基本框架相似，教师需反复设置导入、讲解、练习等板块；制作 PPT 时，对文本格式的调整、页面排版的某些规则也会在多个页面重复操作。

在实际教学过程中，传统教学工作的局限性愈发凸显。由于班级学生众多，教师难以充分兼顾每个学生的学习进度与个人特点，提供高度个性化的教学内容与指导。这种"一刀切"的教学方式，使得部分基础薄弱的学生在复杂知识点前望而却步，跟不上整体教学节奏；而对于学习能力较强的学生，既定的学习内容又难以激发他们的挑战欲，无法充分挖掘其潜力。

在教学资源整合方面，传统教学严重依赖教师个人的知识储备，以及有限的教材、参考资料。教师获取优质教学资源的渠道相对狭窄，往往局限于少数网络渠道、学校图书馆藏书、常规教育期刊等。

教学管理和教学评估环节同样问题重重。教师需手动批改堆积如山的作业和试卷，不仅耗时费力，而且评估过程易受主观因素影响，难以对学生的学习过程进行精准、全面的跟踪与分析。例如，在作文批改中，不同教师对同一篇作文的评分可能存在较大差异，且难以针对每个学生的写作问题提供详细、系统的反馈。

1.1.3　智能教学的优势与特点

相比传统教学模式，基于 AI 技术的智能教学具有显著的优势。优势在于能够极大地提高教学效率，AI 工具可快速辅助教师完成教学大纲撰写、教案生成、试卷设计等工作，节省教师的时间和精力，使其能够将更多心思放在教学策略创新与优化和学生个性化指导上。表 1-1 展示了 AI 助手针对各类典型教学场景的效率提升对比。

表 1-1　AI 助手对各类典型教学场景的效率提升对比

教学场景	传统方式完成时间	AI 助手完成时间
教案撰写 （1 课时内容）	查阅教材教参、设计教学目标、规划环节、编写板书等，耗时 2~3 小时，需反复修改调整	输入课程主题、培养方案、学情和教案模板，AI 自动生成包含教学目标、流程、互动设计的初稿，约 5~10 分钟
PPT 制作 （1 课时内容）	整理教案内容、设计版式、插入图表动画，需 2~3 小时，含素材搜索、排版调整等	导入教案文本，AI 自动匹配教学逻辑生成 PPT 框架，推荐适配的 PPT 主题配色方案，智能提取内容大纲生成幻灯片，约 3~5 分钟
教学配图设计	搜索版权图片（如案例插图等），筛选、裁剪、调整格式，单张图片耗时 30 分钟	输入配图提示词，AI 根据要求生成高清原创插图，单张图片生成时间约 10~30 秒
试卷设计	筛选题目（匹配知识点、难度梯度）、排版格式、核对答案，耗时 5~8 小时	输入知识点范围和难度要求，AI 自动组卷（不同题型），同步生成答案解析和考点分布表，约 10~15 分钟
教学总结	回顾教学数据、分析学生表现、提炼改进措施，需 3~5 小时	导入学生成绩表格、作业数据，AI 自动生成多维度分析报告（如学情统计、薄弱环节、互动效果），并生成结构化总结初稿，约 5 分钟
作业批改	逐一批改、标注错误、撰写评语，30 份作业批改耗时 2~3 小时	AI 自动识别手写体或扫描件，智能批改作业，生成个性化评语，30 份作业批改耗时约 10~15 分钟

智能教学还能实现教学的个性化，通过分析学生的学习数据，了解学生的学习习惯、优势和不足，为每个学生提供定制化的学习内容和建议，满足不同学生的学习需求。此外，智能教学有助于整合和利用丰富的教学资源，AI 技术可以从海量的网络资源中筛选和推荐优质的教学素材，拓宽教师和学生的知识面。

智能教学的特点表现为：

- 技术驱动，依赖自然语言处理、大语言模型推理、智能体等 AI 技术实现教学环节的智能化。
- 数据支撑，通过收集和分析教师过往的教学资料和学生学习数据，为教学决策提供依据。
- 交互性强，借助智能问答助手、虚拟教师等工具，增强师生之间的互动和交流。

1.1.4 AI 大模型：引爆"AI+教学"变革

AI 大模型的出现为"AI+教学"时代带来了新的机遇和变革。ChatGPT 自 2022 年 11 月发布以来，犹如一枚重磅炸弹，瞬间引爆了全球大模型技术应用的推广热潮，让人工智能技术的应用真正走入大众视野。

随后，国内 AI 科技公司也奋起直追，2025 年初，以深度求索 DeepSeek-R1 为代表的国产大模型的发布迎来了 AI 发展的高光时刻，在国内引发了大模型技术应用的教育与普及浪潮，技术平权的曙光初现，让大多数人都有机会接触并尝试使用各种 AI 助手。这一趋势也自然而然地拓展到了教师群体，越来越多的教育工作者开始投身其中，探索 AI 在教学中的无限可能。

以 DeepSeek 等为代表的 AI 助手，具有强大的语言理解和生成能力，能够深入理解教学内容和学生需求，生成高质量的教学文本，如教案、教学总结报告等。不仅如此，AI 助手在教育领域的应用呈快速增长趋势，教师们借助这些先进技术，教学手段日益丰富。AI 助手不仅能够处理文本信息，还能与其他 AI 工具如即梦 AI 等结合，实现多模态的教学应用，如生成图文并茂的教学课件、有声有色的教学图片和视频等，为智能教学提供更丰富的手段和方法，推动教学模式从传统向智能化、高效化转变。

以高等教育为例，教育部先后公布了多批次"人工智能+高等教育"应用场景典型案例，如表 1-2 所示，推动各高校加强研究交流，结合实际深化"人工智能+高等教育"的探索和实践，在 AI 技术的辅助下开展教育教学创新，推进 AI 在高等教育中的广泛应用，从而不断提升人才培养的质量。

表 1-2　首批"人工智能+高等教育"应用场景典型案例名单（源自教育部官网）

序号	学　　校	案　　例
1	北京大学	口腔虚拟仿真智慧实验室的建设与应用
2	清华大学	清华大学人工智能赋能教学试点
3	北京航空航天大学	人工智能赋能的全过程交互式在线教学平台
4	北京理工大学	知识图谱驱动的智慧教学系统建设与应用
5	北京邮电大学	"码上"——大模型赋能的智能编程教学应用平台
6	北京师范大学	创新"AI+"课堂教学智能评测
7	中国传媒大学	AIGC 赋能传统文化传承与创新

(续)

序号	学 校	案 例
8	哈尔滨工业大学	人工智能技术在自主学习模式下电工电子实验教学中的应用
9	华东师范大学	水杉在线：大规模个性化全民数字素养在线学习提升平台
10	东南大学	大学物理课程智慧 AI 助教系统
11	浙江大学	新一代科教平台（"智海平台"）赋能知识点微课程教育
12	华中科技大学	构建智能学业预警与协同帮扶机制，助力学生成长
13	华中农业大学	"有教灵境"智慧实验室实验教学管理系统
14	华中师范大学	人工智能赋能教与学——基于小雅平台的智能场景创设
15	西安交通大学	首创教学质量实时监测数智平台，创立采评督帮"四精模式"教学管理新机制
16	西安电子科技大学	打造 AI 赋能督导新模式，启动教学质量提升新引擎
17	西北农林科技大学	作物智慧生产实践
18	国家开放大学	基于 AI 技术的大规模个性化英语教学创新实践

1.2　AI 智能教学的主要场景

1.2.1　教学大纲与教案设计

教学大纲与教案设计是教学准备的核心环节。AI 助手可高效辅助教师完成此类文本创作任务。AI 助手具备强大的语言生成能力，教师输入课程基本信息后，其能快速生成结构化的教学大纲，涵盖课程目标、教学内容、课时安排、考核方式等模块，如图 1-3 所示为使用 DeepSeek 为某高校计算机科学与技术专业《人工智能导论》课程设计的教学大纲。

在教案设计中，教师可通过提示词引导 AI 助手生成具体章节的教学内容和流程。例如，在豆包中输入以下提示词：

"请以拥有 10 年教学经验的中学语文特级教师身份，设计初中二年级《昆虫记》整本书阅读教学教案。教案需落实新课标'整本书阅读与研讨'任务群要求，包含预习任务、课堂活动、课后拓展。采用 BOPPPS 模型（导入-目标-前测-参与式学习-后测-总结），嵌入昆虫观察实践活动设计，并生成学生任务单"。

8　你的智能教学助手：应用 AI 工具高效辅助教学

高校《人工智能导论》课程教学大纲设计

课程基本信息

- **课程名称**：人工智能导论
- **课程性质**：专业核心必修课
- **学分/学时**：3学分（48学时：理论32学时+实验16学时）
- **先修课程**：高等数学、线性代数、概率论与数理统计、Python编程
- **适用专业**：计算机科学与技术

课程目标

维度	目标描述	对接能力指标
知识目标	掌握人工智能基本理论、核心算法（如机器学习、深度学习）及跨学科知识（数学建模、统计学方法）	技术原理理解、跨учн
能力目标	具备算法设计与工程实践能力，能通过AI工具解决复杂工程问题	问题分析、工 ∨ 战

给 DeepSeek 发送消息

深度思考(R1)　联网搜索

内容由 AI 生成，请仔细甄别

图 1-3　使用 DeepSeek 辅助生成教学大纲

AI 助手将生成符合教学规范的详细教案，减少教师重复性文字工作，如图 1-4 所示。

✦ AI 写作助手 ∨　　　　　　　　　　　　　　复制　下载　分享

二、设计理念

落实新课标"整本书阅读与研讨"任务群要求，通过 BOPPPS 模型构建课堂，嵌入昆虫观察实践活动，引导学生在阅读中感受昆虫世界的奇妙，体会法布尔的科学精神与人文情怀，培养学生的阅读能力、观察能力和探究精神。

三、BOPPPS 模型教学过程

（一）导入（10分钟）

1. **教学活动**：播放一段精彩的昆虫世界纪录片片段，如蜜蜂筑巢、蝴蝶破茧等，引导学生观察画面中的昆虫，提问："同学们，在这段视频中你们看到了哪些昆虫？它们的行为有什么独特之处呢？"接着展示法布尔在野外观察昆虫的图片，简要介绍法布尔的生平以及《昆虫记》的地位和影响，激发学生的阅读兴趣。

2. **设计意图**：通过直观的视频和图片，营造生动的学习情境，引发学生对昆虫世界的好奇心，自然引入《昆虫记》的阅读主题。

图 1-4　使用豆包辅助生成教案内容

1.2.2 教学 PPT 设计与制作

教学 PPT 是课堂教学的重要载体，某些 AI 助手（如月之暗面 Kimi）的长文本处理能力在此场景中可以发挥关键作用。教师上传课程讲稿、教材章节内容或者教案后，AI 助手可以智能提取核心知识点、关键词，生成 PPT 大纲及页面要点，解决从文字到可视化内容转化的难题。通常，AI 助手会提供多样化的 PPT 设计功能，其内置的模板库可根据课程主题推荐版式、配色方案，由教师一键生成 PPT 课件。如图 1-5、图 1-6 所示，利用 AI 助手为大学心理学专业"发展心理学"课程中的"儿童认知发展"章节辅助生成 PPT 大纲和课件。

图 1-5 使用 Kimi 辅助生成 PPT 大纲

图 1-6 使用 Kimi 辅助生成 PPT 课件

即梦 AI 作为 AI 多媒体创作平台，可辅助生成 PPT 所需的教学配图。例如，教师输入"小学语文插画，内容是在教室里认真写作业的小学生，流畅线条，完美构图"等提示词，即梦 AI 将根据语义生成高质量插图，如图 1-7 所示，从而丰富 PPT 的视觉呈现效果。

图 1-7　使用即梦 AI 辅助生成 PPT 配图

1.2.3　试卷设计与教学总结

在试卷设计环节，AI 助手可以按照教师的具体要求，根据课程知识点分布，辅助生成不同难度层级的试卷初稿。如图 1-8 所示为 AI 助手（腾讯元宝）辅助生成的高中物理必修一《力学》单元测试卷。

同时，AI 助手可辅助教师进行试卷分析与教学总结。通过处理学生答题数据，AI 助手能生成知识点掌握情况统计图表，识别学生共性薄弱环节，为教学改进提供数据支撑。在教学总结撰写环节中，AI 助手可整合学期教学数据、学生反馈、课堂效果等信息，生成结构化总结报告，提升教师教学反思效率，如图 1-9 所示。

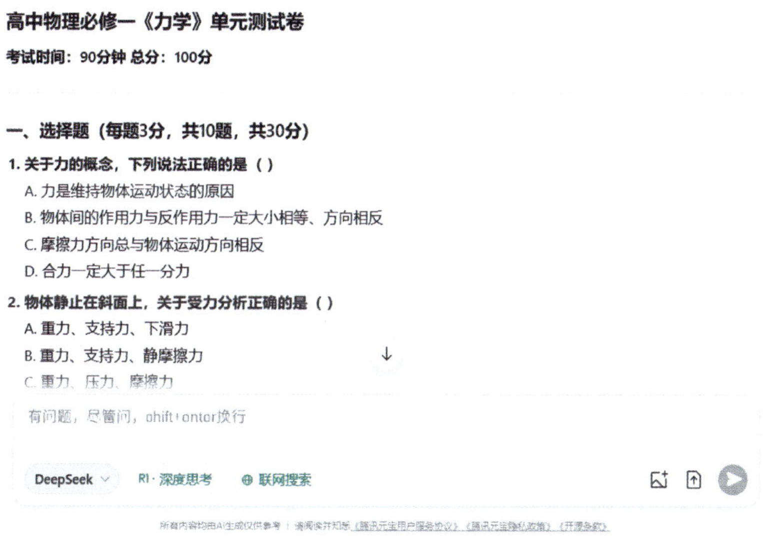

高中物理必修一《力学》单元测试卷

考试时间：90分钟 总分：100分

一、选择题（每题3分，共10题，共30分）

1. 关于力的概念，下列说法正确的是（ ）

A. 力是维持物体运动状态的原因

B. 物体间的作用力与反作用力一定大小相等、方向相反

C. 摩擦力方向总与物体运动方向相反

D. 合力一定大于任一分力

2. 物体静止在斜面上，关于受力分析正确的是（ ）

A. 重力、支持力、下滑力

B. 重力、支持力、静摩擦力

C. 重力、压力、摩擦力

有问题，尽管问，ohift+ontor换行
DeepSeek
R1 · 深度思考
联网搜索
所有内容均由AI生成仅供参考 | 请阅读并知悉《腾讯元宝用户服务协议》《腾讯元宝隐私政策》《开源条款》

图 1-8　使用腾讯元宝辅助生成试卷

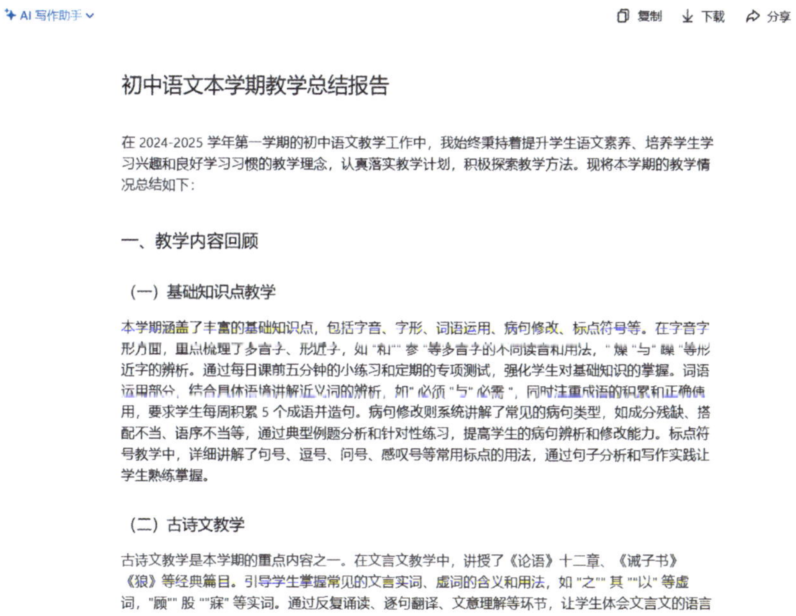

AI 写作助手
复制
下载
分享

初中语文本学期教学总结报告

在 2024-2025 学年第一学期的初中语文教学工作中，我始终秉持着提升学生语文素养、培养学生学习兴趣和良好学习习惯的教学理念，认真落实教学计划，积极探索教学方法。现将本学期的教学情况总结如下：

一、教学内容回顾

（一）基础知识点教学

本学期涵盖了丰富的基础知识点，包括字音、字形、词语运用、病句修改、标点符号等。在字音字形方面，重点梳理了多音字、形近字，如"和""参"等多音字的不同读音和用法，"燥"与"躁"等形近字的辨析。通过每日课前五分钟的小练习和定期的专项测试，强化学生对基础知识的掌握。词语运用部分，结合具体语境讲解近义词的辨析，如"必须"与"必需"，同时注重成语的积累和正确使用，要求学生每周积累 5 个成语并造句。病句修改则系统讲解了常见的病句类型，如成分残缺、搭配不当、语序不当等，通过典型例题分析和针对性练习，提高学生的病句辨析和修改能力。标点符号教学中，详细讲解了句号、逗号、问号、感叹号等常用标点的用法，通过句子分析和写作实践让学生熟练掌握。

（二）古诗文教学

古诗文教学是本学期的重点内容之一。在文言文教学中，讲授了《论语》十二章、《诫子书》《狼》等经典篇目。引导学生掌握常见的文言实词、虚词的含义和用法，如"之""其""以"等虚词，"顾""股""寐"等实词。通过反复诵读、逐句翻译、文意理解等环节，让学生体会文言文的语言

图 1-9　使用豆包辅助生成教学总结报告

1.2.4 辅助教学智能体

课程智能助手是提升师生互动效率的重要 AI 工具。基于扣子、Dify、FastGPT 等智能体平台，教师可以开发专属的教学问答系统。此类系统能实时响应学生关于课程内容、作业要求、考试范围等常见问题，实现 24 小时在线答疑。如图 1-10 所示，教师通过心理课程智能助手可以实时辅助解答学生的心理问题，并定期生成心理分析报告并监测严重异常情况。

图 1-10 使用智能体辅助学生心理咨询

以《运营管理》课程为例，教师通过上传教材内容、课程讲义、常见问题库，即可快速搭建课程智能问答助手。当学生提问"平衡计分卡 BSC 四个维度的基本逻辑关系"时，助手会结合课程知识点，提供准确且针对性的解答，减轻教师重复答疑的负担，同时满足学生的即时学习需求，如图 1-11 所示。

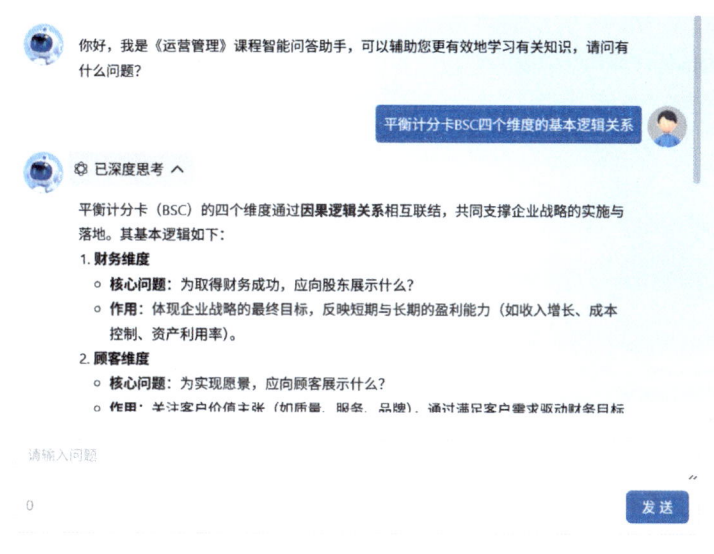

图 1-11　使用智能体制作课程问答助手

1.3　教师必须掌握的 AI 教学技能

1.3.1　熟练掌握与 AI 助手的沟通技巧

与 AI 助手的高效沟通，高度依赖教师精准的提示词撰写能力。提示词作为人机交互语言的核心，教师需要深入理解其重要性，并熟练掌握提示词的基本框架。例如，在向 AI 工具寻求教学资料时，要明确指出学科、年级、知识点等关键信息，从而构建出清晰的提示词结构。有关提示词的详细用法将在本书第 3 章重点介绍。

教师需学会依据不同使用场景，灵活切换 AI 助手的联网功能。当需要获取和参考最新资讯时，及时开启联网；若处理本地特定文档或知识梳理，可关闭联网以确保 AI 助手只依赖本地知识库并提高运行速度。

何时开启 AI 助手的新会话也大有学问，当话题发生重大转变，比如从教学设计转向学生心理分析，就应开启新会话以避免信息混淆。在同一个会话界面中与 AI 进行多轮交流时，要基于上一轮的反馈，不断优化问题，引导 AI 提供更贴合需求的答案。

教师还需学会正确上传图片与文档，能丰富信息输入，让 AI 助手更好地理解需求，比如上传作业图片让 AI 助手辅助分析教学效果，上传教案模板让 AI 模仿撰写等。

此外，在处理复杂问题，如深度剖析教育现象时，适时启用"深度思考"功能，能促使 AI 助手提供更具洞察力的见解。

AI 助手应用教学基本技巧可以参考表 1-3，汇总了大多数教学场景的使用方法。

表 1-3　AI 助手应用教学基本技巧汇总

基本功能	使用方法	教学场景举例
提示词输入	目前输入方式主要有两种：文字和语音 文字方式允许用户在 AI 助手的对话框中输入提示词；语音方式支持用户利用手机或者浏览器的麦克风功能，通过语音与 AI 助手交互	文本输入：辅助生成教案、总结等文本类内容 语音输入：一般用于英语口语练习、单词背诵等语音交互类任务
联网搜索	AI 助手的"智慧"有一定的滞后性，知识可能更新到半年或者一年以前 开启"联网搜索"功能，AI 助手会根据提示词的关键要求，先在网络上搜索到必要的最新信息，然后再加上自己原本储备的知识，综合起来完成提示词要求的任务；如果不开启"联网搜索"功能，AI 助手将直接利用自身知识或者用户上传的文档来回答 注意：某些 AI 助手会要求"联网搜索"和"上传文档"二选一，不能同时开启	开启联网搜索：辅助生成包含最新网络信息的教学资料，比如教师可能需要生成最新的教学案例或者课程思政内容 关闭联网搜索：教师可能想要 AI 助手只基于自己上传的文档来生成教学内容，比如严格按照提供的教材内容生成教案，而不受网络上其他教材的影响
开启新会话	AI 助手的对话功能，允许用户随时开启一个新的对话界面，也允许在同一个对话框中多轮输入和优化 注意：受到 AI 助手所容纳的上下文字数限制和对话轮数的配置影响，同一会话框中不能保证正常处理无限次多轮输入	同一会话交互：完成一个复杂完整的任务，比如教师通过 10 轮的输入和反馈优化，使用 AI 助手辅助生成一套毕业设计教师指导手册 开启新会话：通常每个会话代表一个辅助教学任务，比如教师给某门课程的教案设计、课程大纲、教学总结、试卷设计等任务分别开启一个对话框，然后可以根据需要随时切换

(续)

基本功能	使用方法	教学场景举例
深度思考	像 DeepSeek 等 AI 助手提供"深度思考"选项，一般显示在对话框的下方，默认是关闭状态，教师在处理复杂任务时，可以开启"深度思考"选项，开启之后，用户可以看到 AI 助手思考问题的过程，一般耗时几秒到几十秒不等	开启深度思考：教师在面对复杂逻辑分析、多维度问题拆解等复杂问题时，建议开启，比如"设计适合初二学生的气候变化跨学科课程框架" 关闭深度思考：当教师看重 AI 响应时间或者处理相对直接的知识检索型问题时，比如"提供诗人李白的生平介绍"，可以关闭深度思考
上传图片	AI 助手一般会提供上传图片功能，支持用户上传 PC 或者手机上的图片，通常有两种用途，一是识别并输出图片中的文字；二是识别并描述图片中的物体或者景色	在教学场景中，教师主要用上传图片功能来批改作业，比如上传学生数学试卷的照片，让 AI 助手来统计错题，或者上传作文的照片，让 AI 助手来输出评价等
上传文件	AI 助手目前基本都支持上传文件功能，主要有两种用途，一是分析总结文件的内容；二是文件作为模板，让 AI 助手来参考输出	在教学场景中，教师主要有两种用法，一是分析文件内容，比如上传电子教材，让 AI 助手生成配套教案；二是提供参考模板，比如上传教学课题申报模板，让 AI 助手按照模板的格式和要求生成对应的初稿内容

1.3.2 熟练应用 AI 辅助各类教学工作

建议教师将 AI 助手的运用巧妙且自然地融入日常教学工作，就如同日常频繁使用手机、微信进行沟通交流一样，使之成为教学过程中不可或缺的得力助手。

在初次尝试运用 AI 助手时，教师应适当降低心理预期，此时 AI 助手往往能在不经意间带来远超预期的惊喜。

具体实践可从一些微小且易于操作的任务入手，比如先用 AI 助手制作一段简洁生动的课程导入素材，利用其强大的图像生成、文案创作能力，快速生成具有吸引力的图片、引人入胜的引导语，为课程开篇营造良好氛围。随着对 AI 助手操作熟练度的逐步提升，再将其应用范围逐步扩展到诸如课堂互动环节设计、复杂知识点的可视化讲解等更综合的教学环节。

与此同时，教师还应养成经常搜索和参考优秀案例的习惯，积极学习他人如何巧妙运用 AI 助手解决各类教学难题，从同行的成功经验中汲取灵感，结合自身教学实际进行灵活创新应用。

在此基础上，教师要掌握不同 AI 助手在教学全流程中的功能特性与操作逻辑。

在课程设计环节，能运用 AI 助手生成教学大纲、教案及学情分析报告，比如通过输入课程培养方案与学生专业背景数据，自动生成个性化教学计划；在教学素材创作中，借助 AI 助手生成符合知识点的教学图片、视频，获得可视化教学资源。

面对教学 PPT 制作需求，教师应能整合 AI 助手的文本提炼能力与模板匹配功能，先通过 AI 助手快速从教材中提取核心知识点，然后通过选择主题版式来填充页面内容。

在试卷设计场景，需掌握 AI 助手的试题生成提示词规则，通过设定知识点范围、题型比例、难度系数等参数，批量生成标准化测试题，并结合 AI 助手的数据分析功能统计学生答题的正确率，定位教学薄弱环节。

1.3.3　掌握各类 AI 辅助生成内容的鉴别能力

AI 工具仅仅是辅助手段，其存在的意义在于助力完成各类教学任务，绝不能取代教师的核心思维、主见与判断能力。因此，对 AI 输出内容质量进行严格评估，成为教师在 AI 智能教学过程中不可或缺的关键环节。

在鉴别文本类成果时，以 AI 助手生成的教案、教学总结等材料为例，教师需要秉持审慎态度，对其进行全方位、多层次的审查。在逻辑连贯性方面，要仔细梳理内容脉络，确保从教学目标的设定、教学步骤的推进，到教学总结的收尾，各个环节之间过渡自然、衔接紧密，符合教学活动的内在逻辑。在知识点准确性上，要逐一核对专业术语的使用、概念的阐释、原理的讲解等是否精准无误，避免出现误导学生的知识性错误。

对于格式规范性，要严格按照学校或教育机构规定的教案格式、文档排版要求等进行检查，从字体字号、段落间距到标题层级，都要确保整齐划一、规范美观。这不仅包括核对内容是否契合教育政策要求，还需考量案例引用是否适宜、具备权威性。

对于多媒体素材，如 AI 助手生成的图片、视频等，教师必须严格审核，验证是否存在版权争议。像分析类图表，要仔细校验其内容是否精准，每一个图表、每一组数据都要经得起科学验证。对于历史场景还原的图片或视频，要深入研究历史资料，确保场景中的人物服饰、建筑风格、器物特征等符合相应历史时期的真实情况，不可掉以轻心。

在 AI 课程智能助手的开发与应用过程中，教师务必要审核预设知识库的内容完整性，能够基本覆盖学生可能提出的各类问题，确保对学生提问的回复准确无误，杜绝知识性错误。

同时，要高度重视评估 AI 生成内容的原创性，通过专业的查重工具或人工比对，坚决避免直接使用未经修改的 AI 输出作为教学成果，一定要严格审核每一处细节，保障教学内容的高质量与可靠性。

第 2 章
你的智能教学助手——必备的 AI 工具

在 AI 智能教学越来越普及的当下，选择与掌握适配的 AI 工具，已成为教师提升教学效能的关键一环。面对市面上林林总总的 AI 助手，如何快速甄别并熟练运用那些能深度契合教学场景的工具，成为教育工作者亟待掌握的核心技能。这些工具不仅能革新教学准备流程——从教案设计、课件制作到试卷生成，更能重塑师生互动模式，为个性化教学提供技术支撑。

本章聚焦教学场景中主流的 AI 辅助工具，系统介绍其功能特性、操作逻辑及实战应用。通过介绍 DeepSeek、豆包、Kimi、元宝、即梦 AI 等典型工具的技术特点与适用场景，为教师搭建起"工具选择—功能解析—实践应用"的完整认知框架。

本章要点：
- 详解多款教育领域高频使用的 AI 助手
- 介绍不同 AI 工具的技术特点与适用场景
- 简要介绍 AI 工具的使用方法

2.1 常用的 AI 辅助教学工具

目前，市面上发布的 AI 工具数以千计，并且数量还在快速增加，随着底座大模型的不断演进，应用层 AI 工具的功能也在快速迭代，在这里列举了在教学场景中教师可能会经常用到的 AI 工具，如表 2-1 所示。

表 2-1 常用 AI 工具列表

工具名称（出品公司）	网址	特点
DeepSeek（深度求索）	https://chat.deepseek.com/	开源免费，效果超强
豆包（字节跳动）	https://www.doubao.com/	全场景覆盖，兼顾工作与生活
Kimi（月之暗面）	https://kimi.moonshot.cn/	长文本处理，探索版拆解复杂问题
元宝（腾讯）	https://yuanbao.tencent.com/	同时支持 DeepSeek 和自家混元大模型，打通微信、腾讯文档等生态
文小言（百度）	https://wenxiaoyan.com/	支持分析音视频文件、关联百度网盘等生态
通义（阿里）	https://www.tongyi.com/	注重提升办公效率，如实时会议记录等
讯飞星火（科大讯飞）	https://xinghuo.xfyun.cn/	多语种语音识别率高、准确率高
即梦 AI（字节跳动）	https://jimeng.jianying.com/	AI 生成多媒体（图片、视频、数字人）平台

2.1.1 DeepSeek

DeepSeek 是由成立于 2023 年 7 月的杭州深度求索公司推出的系列大模型，致力于通过开源创新推动通用人工智能（AGI）的普及。2025 年 1 月推出的 DeepSeek-R1 推理模型性能比肩 OpenAI o1，打破了传统 AI 巨头的技术垄断，迅速成为许多企业、开发者和个人用户的首选。

截至 2025 年 2 月，其 App 累计下载量超 1.1 亿次，日活跃用户突破 3000 万，成为史上最快达成这一里程碑的 App。在全球 140 个国家的 App Store 和 Google Play 下载榜中，DeepSeek 都曾占据榜首，月活用户达 1.94 亿，一度远超其他竞品。

从技术能力来看，DeepSeek 拥有出色的语言理解和生成能力。它能够精准理解中文的语义、语法和语境，无论是复杂的学术文献，还是日常的教学文本，都能进行准确分析。同时，基于大量的训练数据，DeepSeek 可以生成流畅、自然且符合要求的文本内容，涵盖教学大纲、教案、试题、教学总结等多种教学场景所需的文字材料。此外，DeepSeek 在逻辑推理和知识问答方面也有不错的表现，能够为教师和学生提供可靠的知识支持和问题解答。

在浏览器中输入网址"https://chat.deepseek.com/"，通过手机号注册，即可访问 DeepSeek 网页版，如图 2-1 所示，界面非常简洁，左侧区域可以查看历史对话、开启新对话、下载 App，右侧区域是主要功能区，用户可以在此输入提示词指令，让 DeepSeek 来执行，用户还可以选择是否启用"深度思考""联网搜索"选项，并上传图片或者文件来解析。

图 2-1　DeepSeek 网页版功能介绍

在这里重点介绍一下"深度思考"和"联网搜索"功能，这些也是其他 AI 助手常用的功能。如图 2-2 所示，在启用"联网搜索"功能之后，DeepSeek 在执行用户的提示词指令之前，会先根据提示词中的关键信息进行网络搜索，如图 2-2 中显示，针对教学大纲设计任务，DeepSeek 搜索到相关的 48 个网页，然

图 2-2　DeepSeek 启用深度思考和联网搜索功能

后再进行下一步"深度思考",图中展示了 DeepSeek 深度思考的整个过程,通常思考的文字数量比最终输出的答案更多。"深度思考"的重要价值除了能够进行复杂逻辑分析、拆解多维度问题等,还体现在:

用户可以详细查看 AI 助手的思考过程,发现其中可能遗漏或者误解的关键点,以便在下一轮交互中,补充或者优化提示词,从而得到理想的答案,避免了之前 AI 助手"黑盒运行"导致用户不知道从何处着手改进的弊端。

用户可以详细学习 AI 助手的思考过程,在面对复杂问题时,用户往往思考得不够全面和深入,通过把问题抛给像 DeepSeek 这样的 AI 助手,用户可以学习 AI 助手的深度思考过程,借鉴其中的思维方法、解题思路等。

2.1.2 豆包

豆包 App 是字节跳动旗下的 AI 产品,于 2023 年 8 月开启公测,2024 年 5 月正式商业化运营。作为字节跳动布局通用人工智能的核心产品,豆包的 AI 工具和功能非常丰富,涵盖写作、分析、多媒体创作、数字人等工作和生活各个场景。

豆包 2025 年 3 月上线的"深度思考"功能,通过思维链与搜索的深度结合,实现"边想边搜"的智能决策。此外,豆包文生图模型 Seedream3.0 支持高分辨率出图,在教育场景中可快速生成教学插画等素材。

在教育领域,豆包已形成覆盖教学全流程的智能解决能力。例如,在语言教学中,豆包能实时纠正发音、分析作文语法错误,并提供分阶练习建议。其"深度思考"功能还可辅助教师进行课程设计,如输入教学目标后,自动生成包含知识点分解、互动环节设计、拓展资源的完整方案。

在浏览器中输入网址"https://www.doubao.com/",完成注册流程即可登录豆包网页版,如图 2-3 所示,除了基本功能之外,豆包在对话框下方提供了全家桶式的场景选项,如帮我写作、AI 搜索、数据分析、AI 阅读、AI 编程、图像生成、学术搜索、音乐生成、记录会议等,用户可以根据自己的需求,直接单击对应的场景,进入到专属的工作界面中。

豆包沿袭字节跳动系列产品的特点,在用户体验方面下了很多功夫。以"帮我写作"场景为例,用户在输入写作相关的提示词指令之后,豆包会为用户提供一个适合 AI 写作的界面,如图 2-4 所示。左侧是对话交互区,用户可以在此输入多轮提示词，右侧是在线编辑区，豆包会把每次输出的结果显示在右侧编辑区，用户可以在网页上直接自由编辑，包括用 AI 改写（扩写、缩写、换风格）某一段文字、增加删除文字、调整格式等，完成编辑工作之后，用户可以直接点击右上角的下载按钮，保存为 Word、PDF 或者 Markdown 格式的文件，非常实用。Markdown 格式是一种轻量级标记语言格式，读者可以将其简单理解为一种自带格式的文本，主流 AI 助手生成的文字内容点击复制后就可以得到该格式的文本或表格。

图 2-3　豆包网页版功能介绍

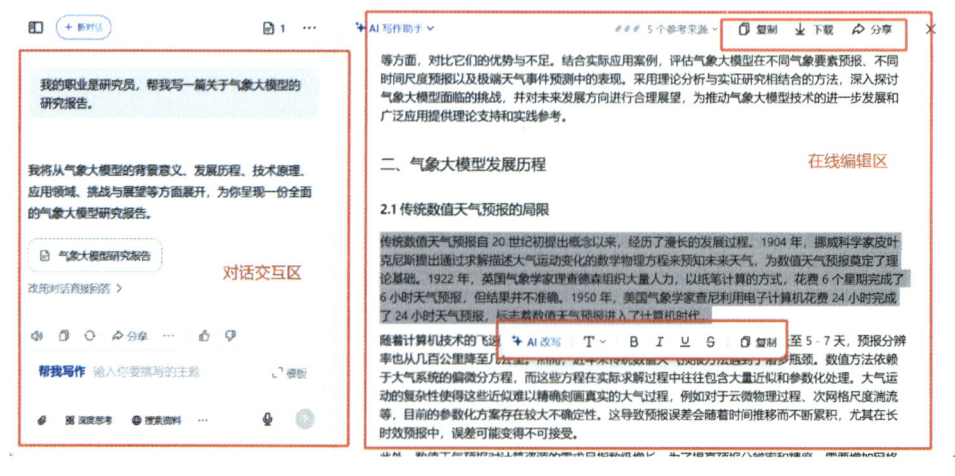

图 2-4　豆包"帮我写作"功能

2.1.3 Kimi

Kimi 是由北京月之暗面科技有限公司（Moonshot AI）于 2023 年 10 月推出的智能助手产品，作为全球首个支持输入 20 万汉字的智能助手，Kimi 以 "超长上下文" 为核心竞争力，迅速在教育、科研、办公等领域建立优势，成为国产 AI 工具的标杆。

Kimi 核心功能包括：支持 200 万字无损上下文的长文本处理能力，可解析 PDF、Word 等 12 种文件格式；集成自主搜索功能的探索版，一次搜索可精读 500 个页面；2025 年 2 月推出的 kimi-latest 模型，更进一步支持图片理解和自动上下文缓存。

在教育领域，Kimi 已成为教师群体提升效率的重要工具，其可以自动生成包含课程目标、教学重难点的教案，基于教材内容生成分层作业题，并提供详细解析；支持拍照识别题目，并给出解题步骤。在语言教学场景，Kimi 支持多语言实时翻译和作文批改，能识别语法错误并提供润色建议，有效减轻教师的作业批改压力。

在浏览器中输入网址 "https://kimi.moonshot.cn/"，完成注册流程即可登录网页版，如图 2-5 所示，Kimi 界面相对比较简洁，左侧由功能扩展区和历史对话区组成，右侧是基本功能区，用户可以在此解决日常问题。功能扩展区则提供完成高阶任务的入口，点击 "Kimi+" 按钮之后，如图 2-6 所示，用户可以

图 2-5　Kimi 网页版功能介绍

找到各种垂直应用场景，比如解决复杂问题的 Kimi 探索版、能够生成万字长文的长文生成器、一键生成 PPT 的 PPT 助手等，Kimi 针对这些场景做了定制优化，对用户来说更加方便实用。

图 2-6　Kimi+高阶功能

2.1.4　元宝

元宝是腾讯公司旗下的 AI 原生应用，于 2024 年 5 月正式发布，依托腾讯自研的混元大模型及 DeepSeek 推理模型构建核心能力。作为国内首款整合微信生态的 AI 助手，元宝聚焦"智能生产力工具"定位，提供 AI 搜索、文档解析、多语言翻译等 20 余项核心功能，支持 PDF、Word、PPT 等格式文件的智能解析与长上下文处理。

产品设计上，元宝深度整合腾讯文档、企业微信等办公套件。其独创的"双模型引擎"可在混元大模型的逻辑推理与 DeepSeek-R1 的知识挖掘间自由切换，配合微信文档等优质内容源，实现信息获取效率提升。

在教育场景中，元宝可根据课程主题自动生成教案框架、教学案例库及互动环节设计，教师输入"公开课评价语"指令后，系统能自动输出包含教学目标达成度、学生参与度分析及改进建议的完整报告。元宝可以通过 AI 技术自动识别手写作业，生成知识点掌握图谱，并为学生定制个性化错题集。

在浏览器中输入网址"https：//yuanbao.tencent.com/"，完成注册流程即可登录元宝网页版，如图 2-7 所示。和其他 AI 助手不同的是，元宝允许用户自行指定使用哪一个底层大模型来执行任务。点击左侧区域的"全部应用"，用户可以查看元宝的应用广场，如图 2-8 所示，展示了各种 AI 功能，比如 AI 搜索、AI 阅读、AI 画图等，涵盖了工具提效、学习宝库、生活实用等各个场景。

图 2-7　元宝网页版功能介绍

图 2-8　元宝应用广场

2.1.5 即梦 AI

即梦 AI 是字节跳动旗下的 AI 创作平台，依托字节跳动在内容生态领域的深厚积累，即梦 AI 移动版于 2024 年 8 月正式上线，迅速成为全球用户规模增长最快的 AI 创作工具之一。截至 2025 年 3 月，其月活用户突破 2000 万，在全球 AI 视频应用中排名前五。2025 年 4 月推出的 3.0 版本实现了 2K 高清图像原生直出，生成速度提升 30%，并通过"大师模式"支持数字人动作模仿与口型同步，进一步巩固了其技术领先地位。

作为一站式 AI 创作平台，即梦 AI 提供了多模态交互的核心功能。其 AI 图片生成支持中文语义精准理解，用户输入提示词即可生成各类图片，且支持局部重绘、一键扩图等精细化编辑。视频生成功能则整合了字节自研的模型，用户可通过文本或图片生成动态视频。智能画布功能首创多图层编辑模式，教师可在同一画布上拼接教学素材，实现知识点的可视化。此外，即梦 AI 通过"一致性视频技术"为用户打造专属数字分身，在教育场景中可生成虚拟教师或学生形象，增强课堂互动性。

在浏览器中输入网址"https://jimeng.jianying.com/"，通过抖音账号授权或者手机号即可登录即梦 AI 网页版，如图 2-9 所示。即梦 AI 首页主要分为三大板块，最上面是"AI 作图""AI 视频"和"数字人"三个主要功能的快捷入口，左侧是即梦 AI 细分功能的列表，下面则是优秀社区作品的推荐和展示。用

图 2-9 即梦 AI 网页版功能介绍

户登录到首页之后，可以直接点击某个功能按钮进入创作阶段，也可以欣赏和学习来自其他创作者的社区作品。

有关即梦 AI 的强大功能和具体用法将在本书第 5 章详细介绍，在这里主要介绍如何挖掘社区作品的价值。对于刚上手即梦 AI 的用户来说，通常短时间内难以写出优秀的提示词来生成图片或者视频，那么最简单的入门方式就是借鉴他人的作品和提示词。如图 2-10 ~ 图 2-12 所示，用户可以点击社区作品区域上方的各种作品分类，查看不同类别下的 AI 作品。

图 2-10　即梦 AI 国风美学社区作品

图 2-11　即梦 AI 绘本插画社区作品

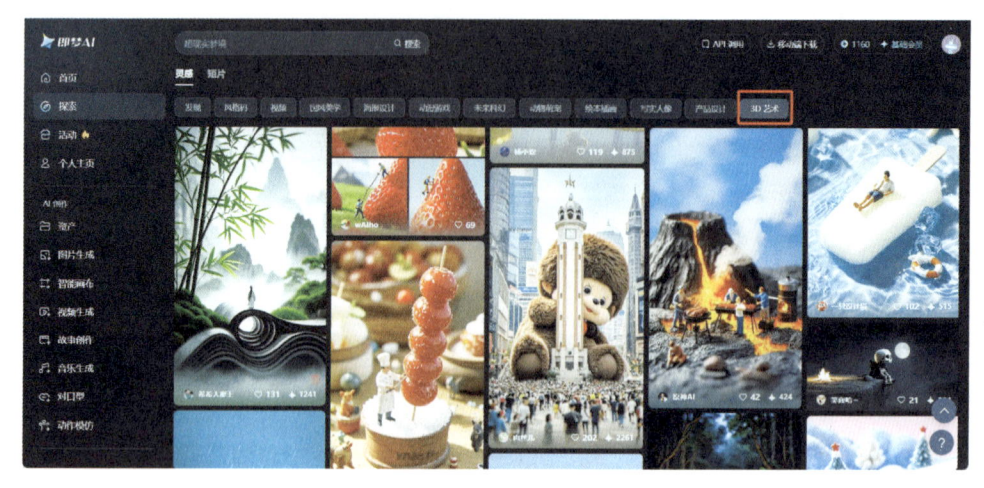

图 2-12　即梦 AI 3D 艺术社区作品

用户还可以通过关键词来快速搜索到自己想参考的社区作品，如图 2-13、图 2-14 所示，展示了以"哪吒""长城"等关键词搜索的社区作品。

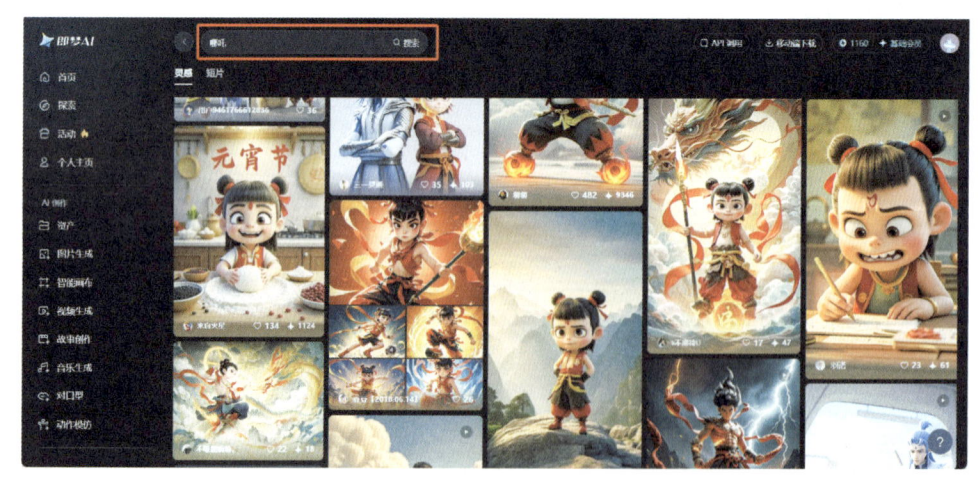

图 2-13　即梦 AI 搜索"哪吒"社区作品

用户在搜索发现值得参考的社区作品之后，可以直接点击这张图片，即梦 AI 会展示对应的详细信息，如图 2-15 所示，用户可以查看生成这张图片的文字描述（提示词）、模型、比例等，点击"收藏"按钮，加入到收藏列表中备用，或者点击"做同款"按钮，即梦 AI 会弹出右侧的快捷生成对话框，把提示词等信息都预先填好，用户可以根据自己的需求略微调整或者一字不改，直接生成同样风格的图片，如图 2-16 所示。对于刚上手即梦 AI 的用户来说，这是快速入门和学习的有效方式。

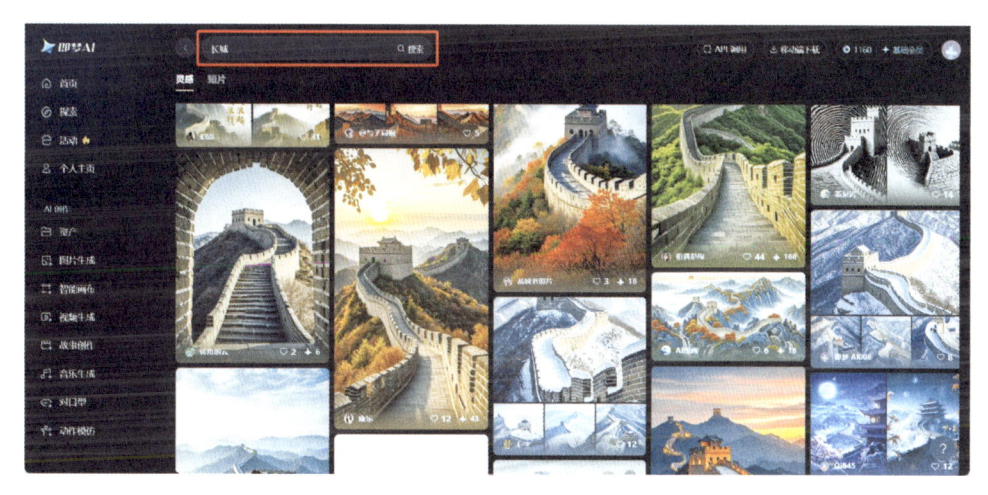

图 2-14 即梦 AI 搜索"长城"社区作品

图 2-15 即梦 AI 学习社区作品

图 2-16 即梦 AI 做同款社区作品

2.2 AI 工具初上手

介绍完常用的 AI 辅助教学工具，本节聚焦 AI 工具在教学场景中的基础应用，通过具体案例引导教师快速掌握工具使用方法。以下为两个典型教学场景的 AI 赋能案例，涵盖文本生成和多媒体创作等核心能力。

2.2.1 用 DeepSeek 辅助生成开学典礼发言稿

1. 案例场景

一位人工智能学院的骨干教师，被选为教师代表在学院新学期开学典礼上发言，通常此类发言稿需兼顾激励性与规范性，传统人工撰写耗时较长，而且不容易突出重点和亮点，采用 DeepSeek 或者其他类似 AI 助手，可以快速生成符合要求的初稿。

2. 操作流程

1）分析需求。参考提示词公式"角色设定+背景信息+任务目标+输出要求"，明确角色设定（人工智能学院的骨干教师）、背景信息（2025 年秋季开学典礼，学生群体为人工智能学院新生）、任务目标（撰写发言稿）、输出要求（1500 字左右，结合科技自立自强与传统文化，引用《哪吒 2》"我命由我不由天"精神）。

2）撰写提示词。示例为："以人工智能学院的骨干教师身份，撰写一篇在 2025 年秋季开学典礼上的发言稿，面向学院新生，需结合 DeepSeek 等国产 AI 技术发展，强调科技自立自强，引用《哪吒 2》'我命由我不由天'精神，要求结构清晰、语言激励性强，1500 字左右。"

3）输入提示词。如图 2-17 所示，打开 DeepSeek 网页，同时启用"深度思考""联网搜索"选项，其中"深度思考"能够让发言稿更具条理性、创新性，"联网搜索"能够让发言稿融合 DeepSeek 和《哪吒 2》电影的最新信息，紧跟时事。

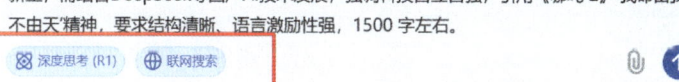

图 2-17 用 DeepSeek 准备开学典礼发言稿

4）生成结果并优化。DeepSeek 会根据提示词，经过联网搜索和深度思考之后，输出初稿。如图 2-18 所示，生成的内容涵盖科技发展趋势、传统文化传承、学生成长建议等。用户可以继续通过与 DeepSeek 多轮对话优化发言稿，比如增加学院的教学科研成果、校训解读等个性化内容。

2025年人工智能学院秋季开学典礼教师发言稿
——以科技自立自强为帆,以创新精神为桨,驶向智能时代的星辰大海

尊敬的各位领导、同仁,亲爱的2025级新生们:

大家好!

今天,我们相聚于此,不仅是为迎接一段崭新的学术旅程,更是为见证一个属于中国人工智能的黄金时代。站在2025年的历史节点上,我们脚下的这片土地,正涌动着科技自立自强的澎湃浪潮;我们头顶的这片星空,正闪耀着《哪吒2》中"我命由我不由天"的信念之光。作为人工智能学院的教师,我想以三个关键词与大家共勉:**自立、创新、使命**。

一、自立:从"跟跑"到"领跑",中国AI的破局之路

同学们,你们选择人工智能专业的这一刻,正是中国科技自立自强最激昂的时代。过去几年,以DeepSeek为代表的国产AI技术,用一场"成本革命"和"技术跃迁",向世界证明了中国创新的力量。

给 DeepSeek 发送消息

深度思考 (R1)　联网搜索

内容由 AI 生成,请仔细甄别

图 2-18　用 DeepSeek 生成开学典礼发言稿

2.2.2　用即梦 AI 辅助生成古诗配图

1. 案例场景

一位语文老师计划制作关于李白《望庐山瀑布》的教学课件,希望为古诗配上生动形象的图片,以增强教学的直观性和趣味性。以往寻找合适配图需耗费大量时间在网络上搜索筛选,且难以找到完全契合诗意的图片,还要处理图片的版权问题。借助即梦 AI 能够快速生成符合需求的古诗配图。

2. 操作流程

1)分析需求,明确角色设定(语文老师)、背景信息(制作《望庐山瀑布》教学课件)、任务目标(生成古诗配图)、输出要求(图片风格契合古诗意境,展现庐山瀑布的壮观,有李白观景形象,画面清晰美观)。

2)撰写提示词,示例为:"生成展现庐山瀑布壮观景象且有李白在旁观景的图片,图片风格要契合古诗意境,画面清晰美观,重点突出瀑布的磅礴气势

和李白的洒脱姿态，配上文字'望庐山瀑布'"。

3）打开即梦 AI 网页，进入图片生成模块，将撰写好的提示词输入相应输入框内，如图 2-19 所示；生图模型选择"图片 3.0"，图片比例选择竖版"2：3"，点击"立即生成"按钮。在等待一段时间之后，即梦 AI 在右侧展示 4 张候选图片，由用户挑选使用，后续还可以继续优化调整、原图下载等，如图 2-20 所示。

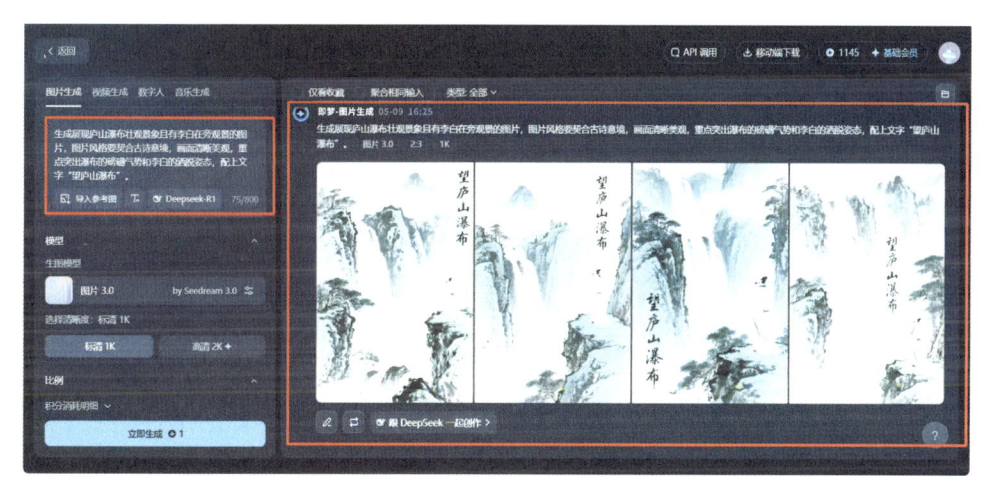

图 2-19　用即梦 AI 为古诗配图

图 2-20　用即梦 AI 进一步优化配图

4）用户还可以基于选中的图片生成视频。在右侧点击"生成视频"按钮，即梦 AI 会转到"图生视频"界面，如图 2-21 所示，保持所有默认参数不变，就可以生成一个几秒钟的"飞流直下三千尺"的瀑布动态视频，比配图更加生动。

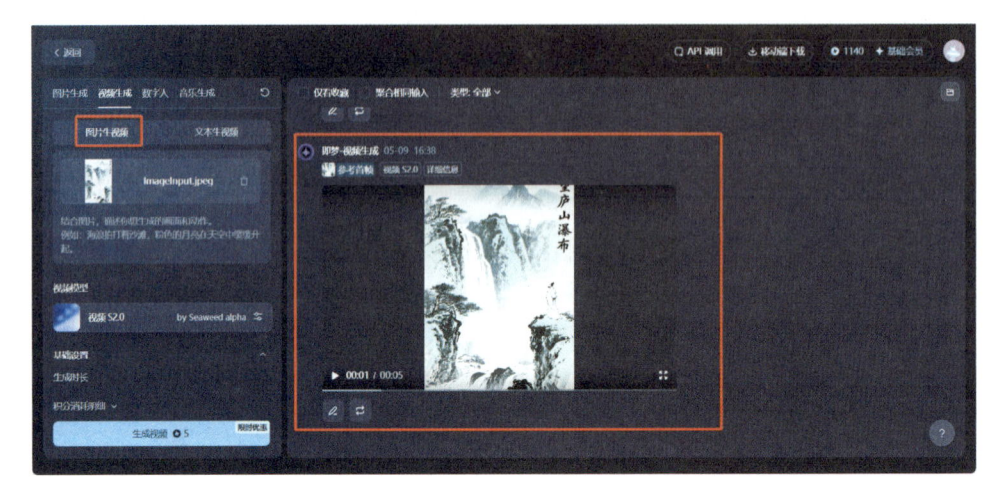

图 2-21　用即梦 AI 将图片生成视频

第 3 章
掌握与 AI 助手的沟通技巧——提示词

　　本章聚焦"如何简单、快速、高效地编写提示词"这一核心目标,既面向零基础的教师群体,也兼顾复杂教学任务的高阶需求。将从提示词的基本构成讲起,通过教学案例对比"好"与"差"的提示词差异,让读者直观理解角色设定、背景信息、任务目标等要素如何影响 AI 的输出;同时,针对教学设计、学情分析、资源整合等复杂场景,提供可复用的进阶技巧,帮助教师掌握多轮交互、细节描述、任务拆解等实用方法。本章内容尽量避免晦涩的专业术语,更注重实操性——读者无须记忆烦琐的理论知识,只需通过具体场景的示例引导,就能快速掌握提示词的核心逻辑和使用方法。

本章要点:
- 提示词的基本组成部分
- "好"提示词与"差"提示词的对比解析
- 应对复杂任务的提示词进阶技巧
- 多场景综合运用提示词的实战方法

3.1　提示词是教师与 AI 交互的"语言"

　　简单来说,提示词就是用户向 AI 助手输入的指令文本,用以明确告知 AI 用户希望它完成的任务。在使用 AI 工具时,用户将提示词输入对应的交互界面,无论是文本框还是语音输入区域。提示词的重要性不言而喻,它是开启 AI 强大能力的钥匙，精准有效的提示词能够引导 AI 快速、准确地理解用户的意图，从而输出符合预期的高质量结果，极大提升 AI 辅助教学工作的效率。

3.1.1 提示词基本公式

在借助 AI 助手辅助教学时，与 AI 实现高效沟通十分关键，而撰写合格的提示词便是达成这一目标的核心。一条合格的提示词一般由角色设定、背景信息、任务目标和输出要求这四个基础部分组成，构成了提示词基本公式。

提示词基本公式：角色设定 + 背景信息 + 任务目标 + 输出要求

1. 角色设定

角色设定为期望 AI 助手所扮演的角色。在教学场景中，可以考虑设定教研员、资深教师、新入职教师、某专业教师、某部门老师、院长、辅导员等各种教师角色。例如，在运用 AI 助手生成语文阅读理解教学方案时，提示词中的角色设定可以是"拥有多年语文教学经验，尤其擅长阅读理解教学的特级教师"。如此设定角色，可以使 AI 在生成内容时，从特定专业视角出发，让生成的方案更具专业性与针对性。

2. 背景信息

背景信息为 AI 助手提供完成任务所需的相关背景情况。在教学场景中，可以考虑输入学校情况、学生背景、课程分析、自身特质等各种背景信息。比如，在设计英语写作课程教案时，告知 AI 授课对象为大学非英语专业一年级学生，他们已掌握基础语法和一定词汇量，但在英语写作的逻辑结构和高级词汇运用上较为薄弱。若要 AI 助手辅助生成针对中小学科技创新课程的教学资源，背景信息可描述为"该中小学地处城市，学生对科技知识有一定兴趣，学校具备基础的实验设备，但缺乏专业的科技教学师资，此次课程旨在激发学生对科技创新的浓厚兴趣并培养基础实践能力"。丰富且准确的背景信息，有助于 AI 生成更贴合实际教学场景的内容。

3. 任务目标

任务目标清晰阐明希望 AI 完成的具体任务。在教学场景中，可以是生成、撰写、设计、分析、总结、合并、抽取、绘制等任务目标。例如，"生成一份高中物理牛顿定律章节的教学课件大纲""为初中生物细胞结构课程设计一个趣味导入环节"。在生成教育研究报告时，任务目标可以是"撰写一份详细的分析报告，探讨影响学生在线学习效果的因素"。清晰的任务目标，能让AI助手明确工作方向，避免生成内容偏离需求。

4. 输出要求

输出要求规定AI助手输出内容的形式、长度、风格等。例如，要求输出内容为"以简洁明了的要点形式呈现，字数控制在500字左右，语言风格通俗易懂，适合学生理解"。当使用AI生成文学作品赏析时，输出要求可以是"从人物形象、情节架构、主题思想等方面展开，以严谨的学术风格撰写，字数在1500字左右，需包含引用原文及出处"。明确的输出要求，能够确保AI生成的内容符合教师在教学中的实际应用需求。

3.1.2 "好"提示词与"差"提示词的对比分析

为更直观地说明提示词对AI生成结果的影响，接下来对"好"提示词与"差"提示词的实际效果展开对比分析。

1. 案例一：辅助设计历史课程教案

差的提示词："给我一个秦始皇统一六国历史教案"。

评价：此提示词过于简略，缺乏角色设定、背景信息及输出要求。当使用AI助手处理这个提示词时，它可能生成一份通用性、宽泛性很强的历史教案，无法精准匹配特定历史时期、教学对象及教学重点等实际教学需求，可能只是一些常见历史教学内容的简单罗列，缺乏针对性和实用性。

好的提示词："作为一位对中国古代史有深入研究、擅长将复杂历史事件生动呈现给中学生的历史教师，现在要为初中二年级学生设计一节关于'秦始皇统一六国'的课程教案。学生已学习过战国时期各国纷争的基本情况，对历史故事有较高兴趣。请生成一份详细教案，包括教学目标、教学重难点、教学方法、教学过程（含导入、知识讲解、互动环节、总结等），以清晰的段落结构呈现，字数在2000字左右"。

评价：当AI助手接收这样详细的提示词后，生成的教案（如图3-1所示）会紧密围绕"秦始皇统一六国"这一主题，结合初中二年级学生的学情和兴趣点，详细规划教学各环节，如设计生动的导入环节引发学生兴趣，在知识讲解中突出重点难点,通过互动环节增强学生参与度等,可以充分满足教师的教学备课需求。

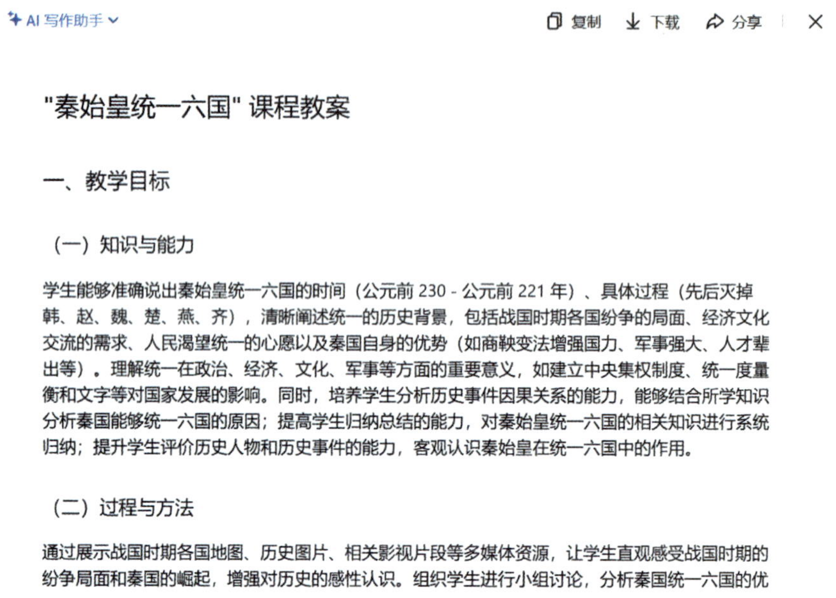

✦ AI 写作助手 ∨　　　　　　　　　　　　📋 复制　⬇ 下载　↗ 分享　　✕

"秦始皇统一六国" 课程教案

一、教学目标

（一）知识与能力

学生能够准确说出秦始皇统一六国的时间（公元前 230 - 公元前 221 年）、具体过程（先后灭掉韩、赵、魏、楚、燕、齐），清晰阐述统一的历史背景,包括战国时期各国纷争的局面、经济文化交流的需求、人民渴望统一的心愿以及秦国自身的优势（如商鞅变法增强国力、军事强大、人才辈出等）。理解统一在政治、经济、文化、军事等方面的重要意义,如建立中央集权制度、统一度量衡和文字等对国家发展的影响。同时,培养学生分析历史事件因果关系的能力,能够结合所学知识分析秦国能够统一六国的原因；提高学生归纳总结的能力,对秦始皇统一六国的相关知识进行系统归纳；提升学生评价历史人物和历史事件的能力,客观认识秦始皇在统一六国中的作用。

（二）过程与方法

通过展示战国时期各国地图、历史图片、相关影视片段等多媒体资源,让学生直观感受战国时期的纷争局面和秦国的崛起,增强对历史的感性认识。组织学生进行小组讨论,分析秦国统一六国的优

图 3-1　AI 助手生成历史课程教案

2. 案例二：生成语文作文评语

差的提示词："帮我给'我的梦想'记叙文写个作文评语"。

评价：AI 助手面对这样模糊的提示词,难以确定作文的主题、体裁、学生年龄层次、写作水平等关键信息,生成的评语可能只是一些放之四海而皆准的套话,如"文章内容较充实,语言表达有待提高",无法给学生提供有针对性的、具体的写作改进建议。

好的提示词："假设你是一位经验丰富、擅长启发学生写作思维的语文教师,现在要为一篇初中三年级学生写的以'我的梦想'为主题的记叙文写评语。这篇作文字数 800 字左右,文章结构较为清晰,讲述了作者想成为一名画家的梦想及原因,但在事例描述上较为平淡,语言表达较平实,缺乏文采。请参考上传的作文原文,从文章结构、内容、语言等方面进行详细评价,并给出具体的修改建议,评语字数在 300 字左右"。

评价：AI 助手依据这样全面的提示词，能够从多个维度对作文进行精准评价，如图 3-2 所示。这样的评语能切实帮助学生认识到自己作文的优缺点，并明确改进方向。

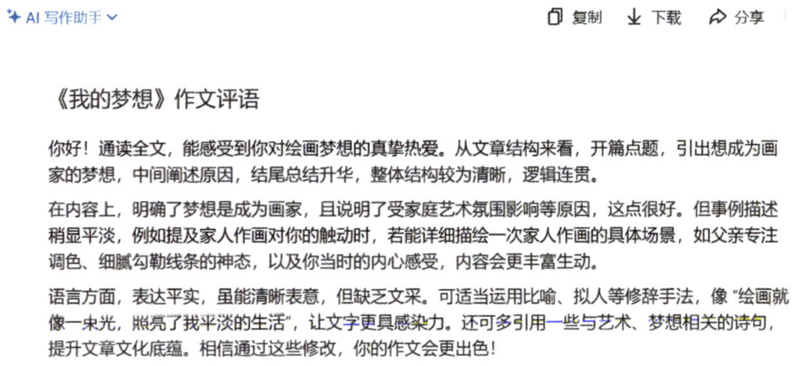

> ✦ AI 写作助手 ∨　　　　　　　　　　　　　🗋 复制　⌄ 下载　↗ 分享　｜　✕
>
> **《我的梦想》作文评语**
>
> 你好！通读全文，能感受到你对绘画梦想的真挚热爱。从文章结构来看，开篇点题，引出想成为画家的梦想，中间阐述原因，结尾总结升华，整体结构较为清晰，逻辑连贯。
>
> 在内容上，明确了梦想是成为画家，且说明了受家庭艺术氛围影响等原因，这点很好。但事例描述稍显平淡，例如提及家人作画对你的触动时，若能详细描绘一次家人作画的具体场景，如父亲专注调色、细腻勾勒线条的神态，以及你当时的内心感受，内容会更丰富生动。
>
> 语言方面，表达平实，虽能清晰表意，但缺乏文采。可适当运用比喻、拟人等修辞手法，像"绘画就像一束光，照亮了我平淡的生活"，让文字更具感染力。还可多引用一些与艺术、梦想相关的诗句，提升文章文化底蕴。相信通过这些修改，你的作文会更出色！

图 3-2　AI 助手生成语文作文评语

3. 案例三：生成英语语法讲解资料

差的提示词："讲讲英语定语从句"。

评价：AI 助手在接收到此提示词时，由于缺乏教学对象水平、讲解方式偏好、预期应用场景等信息，可能给出一份学术性过强、复杂且不考虑学生实际接受程度的讲解资料，例如直接罗列大量语法规则和复杂例句，对于基础薄弱的学生来说难以理解。

好的提示词："作为一名擅长将复杂语法简单化的英语教师，面对英语基础一般的高中一年级学生，为帮助他们理解和掌握定语从句。请以通俗易懂的语言解释定语从句的概念，结合日常生活常见事物举例说明，比如描述房间布置、人物外貌等，提供至少 5 个简单例句，并详细分析每个例句中定语从句的结构与作用，讲解内容控制在 1000 字左右"。

评价：AI 助手依据这样的提示词，会以贴近学生生活的方式，深入浅出地讲解定语从句（如图 3-3 所示），从概念阐释到实例分析，都充分考虑高一学生的英语基础与认知能力，生成的讲解资料更有助于教师开展教学活动，提升学生学习效果。

> ✦ AI写作助手 ∨   复制   下载   分享   ✕
>
> 同学们，今天我们要学习一个超有用的语法——定语从句！其实它一点都不难，就像给名词"戴眼镜"，让这个名词变得更清楚、更具体。比如，当你说"那个穿红衣服的女孩"，"穿红衣服的"就是定语，帮助我们确定是哪个女孩。定语从句就是用一个句子来代替这个"戴眼镜"的部分，让句子更丰富！
>
> **一、定语从句的核心概念**
>
> 定语从句是用来**修饰名词或代词**的句子，通常由 ** 关系代词（who/whom/which/that/whose）** 引导。它的作用就像形容词，回答"哪一个""什么样的"问题。例如：
>
> - **原句**：The girl is my sister.（哪个女孩？不清楚）
> - **加入定语从句**：The girl **who is wearing a red dress** is my sister.（那个穿红裙子的女孩是我妹妹。）
>
> 这里的"who is wearing a red dress"就是定语从句，修饰名词"girl"，明确了是"穿红裙子的"那个女孩。
>
> **二、关系代词的选择规则**
>
> 关系代词的选择取决于 ** 先行词（被修饰的名词/代词）** 是人还是物，以及它在从句中作什么成分（主语、宾语、所属）。我们可以用一个口诀来记忆：

图 3-3　AI 助手生成英语语法讲解资料

通过以上对比可知，精心撰写的"好"提示词能够引导 AI 生成高度契合教学需求、具有实用价值的内容，而简单随意的"差"提示词则会致使 AI 生成的结果无法达到教师期望，难以在教学中发挥有效作用。所以，教师掌握提示词的撰写技巧，对充分发挥 AI 工具在教学中的辅助作用意义重大。

3.2　提示词应用技巧

3.2.1　利用 AI 优化及提示词模板快速积累优质提示词

在教学场景中，教师们应能够快速撰写优秀的提示词，以高效利用 AI 工具，节省宝贵的时间。以下介绍几个应用提示词的技巧。

1. 借助 AI 助手来优化提示词

教师刚开始撰写提示词时，可能会感觉无法一次性写出详细完整的内容，这时可以先输入一个较为基础的提示词，然后向 AI 助手提问，如："生成一份关于高等数学极限概念的教学方案，请问应该如何优化这个提示词，使其更能精准生成符合大学一年级非数学专业学生教学需求的方案"，AI 助手输出结果如图 3-4 所示。

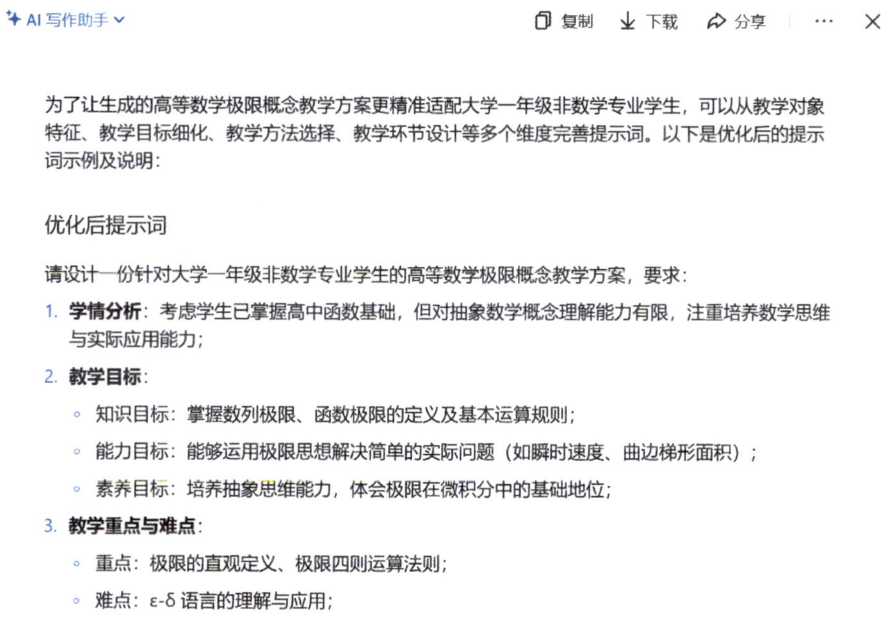

✦ AI 写作助手 ∨　　　　　　　　　　　　　　　📋 复制　⬇ 下载　↗ 分享　⋯　✕

为了让生成的高等数学极限概念教学方案更精准适配大学一年级非数学专业学生，可以从教学对象特征、教学目标细化、教学方法选择、教学环节设计等多个维度完善提示词。以下是优化后的提示词示例及说明：

优化后提示词

请设计一份针对大学一年级非数学专业学生的高等数学极限概念教学方案，要求：

1. **学情分析**：考虑学生已掌握高中函数基础，但对抽象数学概念理解能力有限，注重培养数学思维与实际应用能力；
2. **教学目标**：
   - 知识目标：掌握数列极限、函数极限的定义及基本运算规则；
   - 能力目标：能够运用极限思想解决简单的实际问题（如瞬时速度、曲边梯形面积）；
   - 素养目标：培养抽象思维能力，体会极限在微积分中的基础地位；
3. **教学重点与难点**：
   - 重点：极限的直观定义、极限四则运算法则；
   - 难点：$\varepsilon\text{-}\delta$ 语言的理解与应用；

图 3-4　AI 助手优化提示词

AI 助手可能会给出诸如添加学情信息、明确教学目标的具体要求等建议，教师据此完善提示词，比如：

"作为一位经验丰富的大学数学教师，面对刚进入大学、数学基础参差不齐、对高等数学充满好奇但又略有畏难情绪的一年级非数学专业学生，要设计一个关于极限概念的课程教学方案。学生已具备一定的初等数学基础，此课程旨在让学生初步理解极限的概念、掌握极限的基本计算方法。请生成一份详细教学方案，包括教学目标、教学重难点、教学方法、教学过程（含导入、知识讲解、互动环节、总结等），以清晰的段落结构呈现，字数在 3000 字左右"。

AI 助手能够基于优化后的提示词生成更加完善的结果，如图 3-5 所示。

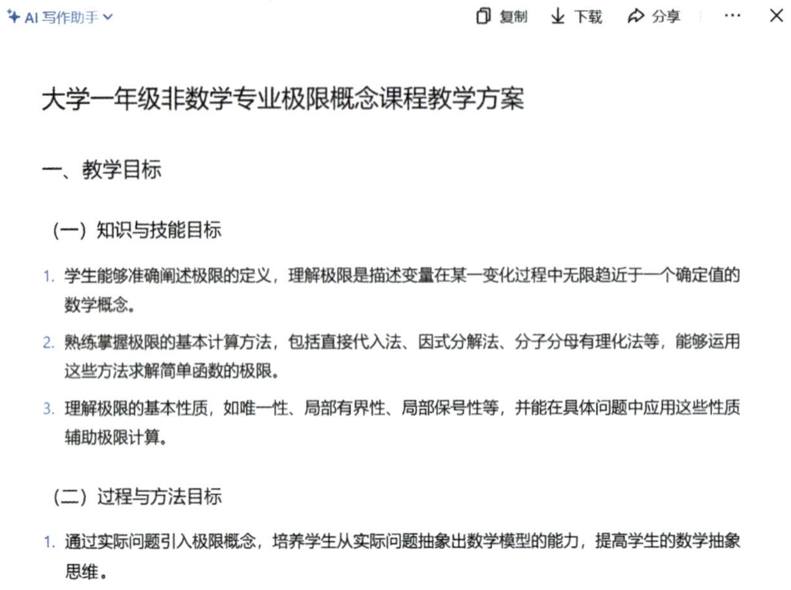

✦ AI写作助手 ⌄　　　　　　　　　　　　　　🗐 复制　⤓ 下载　⇢ 分享　…　✕

大学一年级非数学专业极限概念课程教学方案

一、教学目标

（一）知识与技能目标

1. 学生能够准确阐述极限的定义，理解极限是描述变量在某一变化过程中无限趋近于一个确定值的数学概念。
2. 熟练掌握极限的基本计算方法，包括直接代入法、因式分解法、分子分母有理化法等，能够运用这些方法求解简单函数的极限。
3. 理解极限的基本性质，如唯一性、局部有界性、局部保号性等，并能在具体问题中应用这些性质辅助极限计算。

（二）过程与方法目标

1. 通过实际问题引入极限概念，培养学生从实际问题抽象出数学模型的能力，提高学生的数学抽象思维。

图 3-5　AI 助手基于优化后的提示词生成结果

2. 积累提示词模板

教师可以从过往成功案例中提取关键元素，建立提示词模板。例如，在 AI 助手生成文学作品赏析时，若之前成功生成过某篇小说的赏析，可总结其提示词结构如下：

> "作为一位对文学作品有深入研究、擅长从多维度剖析作品的大学文学评论教师，针对［作品名称］这部作品，该作品属于［文学流派］，具有［独特风格或主题］，为帮助学生更好理解作品，请从人物形象、情节架构、主题思想、写作手法等方面进行深入赏析，结合具体原文内容，以通俗易懂又不失专业性的语言撰写，字数在［］字左右"。

后续遇到类似需求，只需替换作品名称、文学流派、独特风格等具体信息，就能快速生成提示词。

大多数 AI 助手都有收藏功能，教师可以把常用提示词和对话历史收藏起来，在需要参考的时候随时找到。腾讯元宝还支持指令分组功能（如图 3-6 所示），教师可以把使用场景分类，比如课题申报、PPT 制作、作业批改、教学方案等，在每个分组中添加提示词模版，非常方便。

图 3-6　腾讯元宝指令分组功能

3.2.2　提示词进阶公式

提示词进阶公式：角色设定＋背景信息＋任务目标＋输出要求＋引导示例（可选）＋条件限制（可选）

相比基础公式，在这个进阶公式中增加了两个可选项：引导示例有助于 AI 理解期望输出形式，条件限制可避免生成不符合需求的内容。

除了基础的角色设定、背景信息、任务目标和输出要求外，优秀提示词还应具备可以参考的引导示例。比如，用 AI 助手为大学法学专业学生生成法律案例分析指导时，提示词可写为：

"你是一位经验丰富的法学教授，要为法学专业学生讲解如何分析'合同违约纠纷'案例。以'甲公司与乙公司签订货物买卖合同，甲公司未按时交付货物，乙公司要求赔偿损失'这一案例为例，先阐述案例分析的思路，如确定案件争议焦点、梳理相关法律法规、分析证据效力等；然后详细展示分析步骤，每一步都要有对应的文字说明；最后给出一个案例分析报告的大致框架。输出形式参考：首先，分析思路方面，应聚焦合同约定及履行情况……步骤为：（1）明确合同中交付货物时间等关键条款……案例分析报告框架为：一、案件概述……二、争议焦点分析……讲解语言要专业且易懂，适合大学法学本科生理解"。

AI 助手参考引导示例生成的内容如图 3-7 所示。

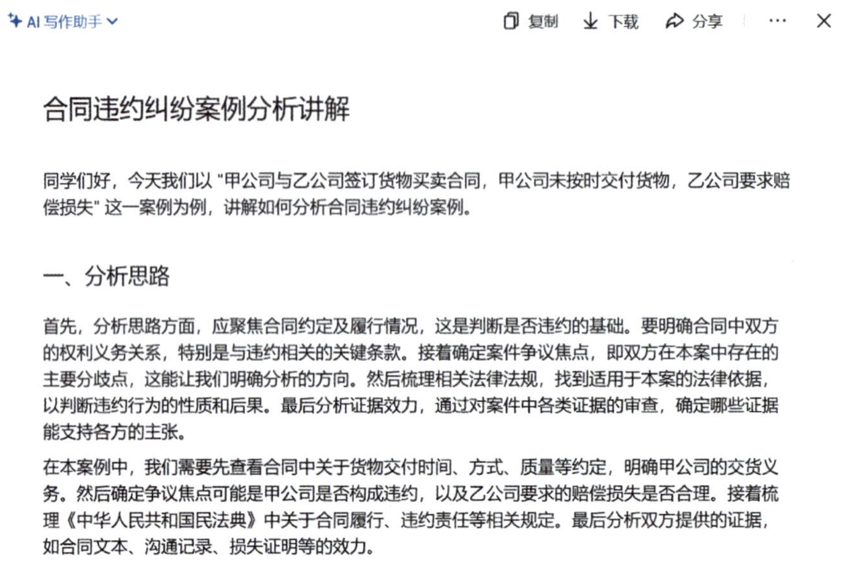

合同违约纠纷案例分析讲解

同学们好，今天我们以"甲公司与乙公司签订货物买卖合同，甲公司未按时交付货物，乙公司要求赔偿损失"这一案例为例，讲解如何分析合同违约纠纷案例。

一、分析思路

首先，分析思路方面，应聚焦合同约定及履行情况，这是判断是否违约的基础。要明确合同中双方的权利义务关系，特别是与违约相关的关键条款。接着确定案件争议焦点，即双方在本案中存在的主要分歧点，这能让我们明确分析的方向。然后梳理相关法律法规，找到适用于本案的法律依据，以判断违约行为的性质和后果。最后分析证据效力，通过对案件中各类证据的审查，确定哪些证据能支持各方的主张。

在本案例中，我们需要先查看合同中关于货物交付时间、方式、质量等约定，明确甲公司的交货义务。然后确定争议焦点可能是甲公司是否构成违约，以及乙公司要求的赔偿损失是否合理。接着梳理《中华人民共和国民法典》中关于合同履行、违约责任等相关规定。最后分析双方提供的证据，如合同文本、沟通记录、损失证明等的效力。

图 3-7　AI 助手参考引导示例生成的内容

除了在提示词中加入引导示例，用户也可以通过上传附件的方式提供参考模版。通过给出具体案例及各分析环节的说明，AI 助手能更好把握需求，生成符合学生理解水平的法律案例分析指导内容。

条件限制同样关键。当使用 AI 助手生成大学经济学课程专题讨论话题时，提示词可设置为：

"你是一位专业的大学经济学教师，要围绕'当前宏观经济政策对企业发展的影响'这一主题，生成 5 个课堂专题讨论话题。话题需紧密结合当下经济形势，从不同角度切入，如财政政策调整、货币政策变化等对不同规模企业的影响。话题表述简洁明了，避免过于复杂的经济学术语，不要采用模糊不清的表述方式，且每个话题后需简要说明讨论方向及预期达成的教学目标，同时，要避免话题过于宽泛或抽象，不要提出缺乏实际讨论价值的话题，总字数控制在 800 字左右"。

这条提示词中提到了多次"避免""不要"等限制条件，使 AI 助手生成的讨论话题精准符合经济学教学需求，便于课堂组织讨论，如图 3-8 所示。

课堂专题讨论话题设计

话题一：专项债扩容对基建与新基建企业的机遇与挑战

讨论方向：2025 年专项债规模增至 4.4 万亿元，重点投向交通、水利等传统基建及 AI 算力中心、卫星互联网等新基建领域。讨论传统基建企业（如中国交建）如何承接千亿级订单，以及新兴领域企业（如浪潮信息）在智算项目中的技术突破。分析专项债首次支持低空经济、量子科技等前沿领域对企业战略布局的影响，探讨区域龙头企业（如四川路桥）如何依托地方专项债政策实现区域市场扩张。

教学目标：理解财政支出结构调整对不同行业企业的差异化影响，掌握专项债资金投向与产业升级的关联性，培养学生对政策红利的捕捉能力。

话题二：服务消费与养老再贷款政策对小微企业的精准支持

讨论方向：央行推出 5000 亿元服务消费与养老再贷款，以 1.5% 低利率定向支持住宿餐饮、文体娱乐、养老产业等领域。分析小微企业如何通过该政策降低融资成本（实际利率可至 2%-3%），探讨文旅企业（如同程旅行）、养老社区开发商（如泰康之家）如何利用低成本资金扩大服务供给。结合政策对"设备担"等创新担保模式的支持，讨论小微企业融资渠道的拓宽路径。

教学目标：掌握结构性货币政策工具的作用机制，理解政策如何通过供给侧激活消费潜力，提升学生对定向金融支持政策的分析能力。

图 3-8　AI 助手设置条件限制后生成的内容

3.2.3　巧用细节及多轮交互提升提示词成效

1. 增加细节描述

在提示词中提供丰富细节，能让 AI 生成更贴合需求的内容。如使用 AI 助手生成大学物理实验教学课件大纲时，提示词可写成：

"你是一位经验丰富的大学物理实验教师，要为大学二年级学生制作一个关于'迈克尔逊干涉仪测波长'实验的教学课件。学生已学习过光学干涉的理论知识，但对实验操作细节和误差分析理解不足。实验在配备有迈克尔逊干涉仪、氦氖激光器、扩束镜等专业仪器的物理实验室进行。请生成一个教学课件大纲，内容包括实验目的、实验原理、实验步骤（详细到每一步的操作动作及注意事项）、实验数据记录表格、误差分析（从仪器误差、操作误差、环境因素误差等方面分析），并提供配图建议，页面布局要简洁美观，适合课堂教学展示"。

详细的学情、实验环境及课件内容要求，让 AI 助手生成的课件大纲能精准对接教学实际，如图 3-9 所示。

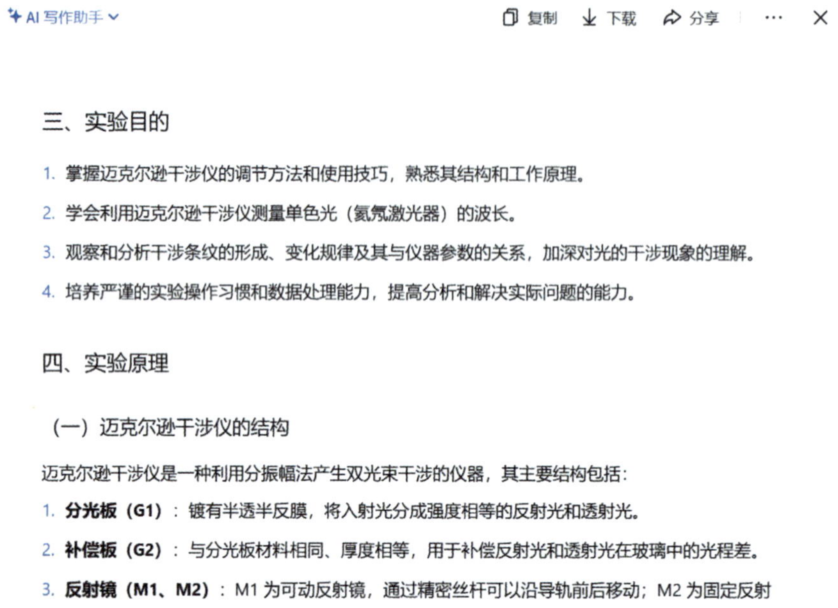

✦ AI 写作助手 ˅　　　　　　　　　　　　　　　　🗐 复制　⬇ 下载　⇗ 分享　…　✕

三、实验目的

1. 掌握迈克尔逊干涉仪的调节方法和使用技巧，熟悉其结构和工作原理。
2. 学会利用迈克尔逊干涉仪测量单色光（氦氖激光器）的波长。
3. 观察和分析干涉条纹的形成、变化规律及其与仪器参数的关系，加深对光的干涉现象的理解。
4. 培养严谨的实验操作习惯和数据处理能力，提高分析和解决实际问题的能力。

四、实验原理

（一）迈克尔逊干涉仪的结构

迈克尔逊干涉仪是一种利用分振幅法产生双光束干涉的仪器，其主要结构包括：

1. **分光板（G1）**：镀有半透半反膜，将入射光分成强度相等的反射光和透射光。
2. **补偿板（G2）**：与分光板材料相同、厚度相等，用于补偿反射光和透射光在玻璃中的光程差。
3. **反射镜（M1、M2）**：M1 为可动反射镜，通过精密丝杆可以沿导轨前后移动；M2 为固定反射

图 3-9　AI 助手增加细节描述后生成的内容

2. 多轮交互优化

与 AI 进行多轮交互，逐步优化生成内容。例如，使用 AI 助手生成大学历史课程教学案例时，第一轮提示词为：

"你是一位资深大学历史教师，针对大学世界史课程中'文艺复兴'主题，为帮助学生理解文艺复兴的思想内涵，请提供 3 个教学案例，每个案例简要描述事件过程及所体现的思想，字数在 250 字左右"。

AI 助手的第一轮输出如图 3-10 所示。AI 助手生成案例后，若觉得案例不够深入或与课程重点结合不紧密，可进行第二轮交互，提示词为：

"在刚才生成的案例基础上，对每个案例增加一些能体现当时社会思想碰撞的细节描述，使其更具深度，每个案例字数扩展到 500 字左右"。

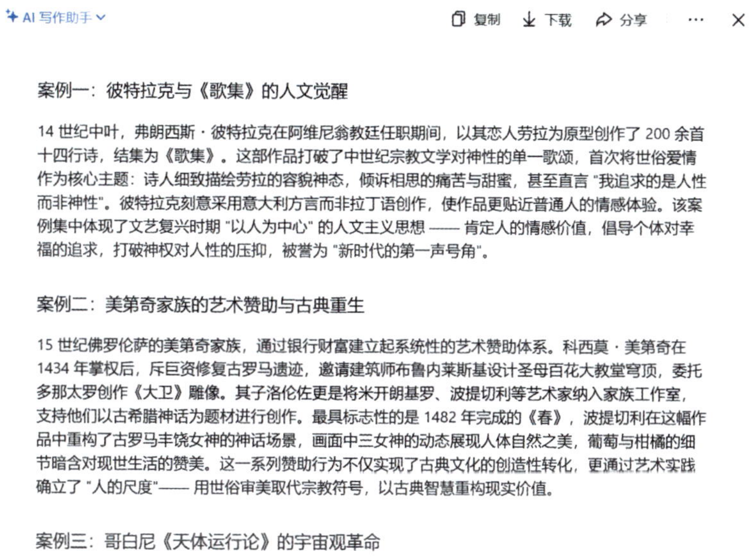

> **案例一：彼特拉克与《歌集》的人文觉醒**
>
> 14世纪中叶，弗朗西斯·彼特拉克在阿维尼翁教廷任职期间，以其恋人劳拉为原型创作了200余首十四行诗，结集为《歌集》。这部作品打破了中世纪宗教文学对神性的单一歌颂，首次将世俗爱情作为核心主题：诗人细致描绘劳拉的容貌神态，倾诉相思的痛苦与甜蜜，甚至直言"我追求的是人性而非神性"。彼特拉克刻意采用意大利方言而非拉丁语创作，使作品更贴近普通人的情感体验。该案例集中体现了文艺复兴时期"以人为中心"的人文主义思想——肯定人的情感价值，倡导个体对幸福的追求，打破神权对人性的压抑，被誉为"新时代的第一声号角"。
>
> **案例二：美第奇家族的艺术赞助与古典重生**
>
> 15世纪佛罗伦萨的美第奇家族，通过银行财富建立起系统性的艺术赞助体系。科西莫·美第奇在1434年掌权后，斥巨资修复古罗马遗迹，邀请建筑师布鲁内莱斯基设计圣母百花大教堂穹顶，委托多那太罗创作《大卫》雕像。其子洛伦佐更是将米开朗基罗、波提切利等艺术家纳入家族工作室，支持他们以古希腊神话为题材进行创作。最具标志性的是1482年完成的《春》，波提切利在这幅作品中重构了古罗马丰饶女神的神话场景，画面中三女神的动态展现人体自然之美，葡萄与柑橘的细节暗含对现世生活的赞美。这一系列赞助行为不仅实现了古典文化的创造性转化，更通过艺术实践确立了"人的尺度"——用世俗审美取代宗教符号，以古典智慧重构现实价值。
>
> **案例三：哥白尼《天体运行论》的宇宙观革命**

图 3-10　AI 助手的第一轮输出

AI 助手的第二轮输出如图 3-11 所示。通过这种多轮交互，不断提升生成内容质量，使其更契合教学重点与学生理解深度需求。

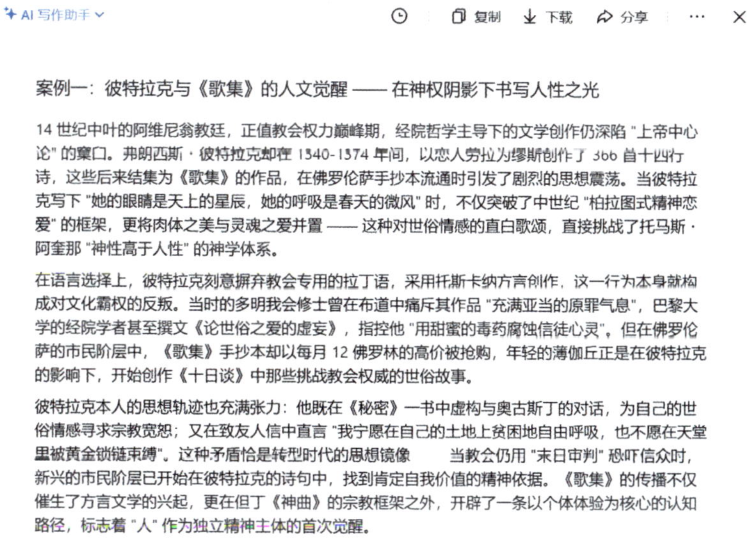

> **案例一：彼特拉克与《歌集》的人文觉醒 —— 在神权阴影下书写人性之光**
>
> 14世纪中叶的阿维尼翁教廷，正值教会权力巅峰期，经院哲学主导下的文学创作仍深陷"上帝中心论"的窠臼。弗朗西斯·彼特拉克却在1340-1374年间，以恋人劳拉为缪斯创作了366首十四行诗，这些后来结集为《歌集》的作品，在佛罗伦萨手抄本流通时引发了剧烈的思想震荡。当彼特拉克写下"她的眼睛是天上的星辰，她的呼吸是春天的微风"时，不仅突破了中世纪"柏拉图式精神恋爱"的框架，更将肉体之美与灵魂之爱并置——这种对世俗情感的直白歌颂，直接挑战了托马斯·阿奎那"神性高于人性"的神学体系。
>
> 在语言选择上，彼特拉克刻意摒弃教会专用的拉丁语，采用托斯卡纳方言创作，这一行为本身就构成对文化霸权的反叛。当时的多明我会修士曾在布道中痛斥其作品"充满亚当的原罪气息"，巴黎大学的经院学者甚至撰文《论世俗之爱的虚妄》，指控他"用甜蜜的毒药腐蚀信徒心灵"，但在佛罗伦萨的市民阶层中，《歌集》手抄本却以每月12佛罗林的高价被抢购，年轻的薄伽丘正是在彼特拉克的影响下，开始创作《十日谈》中那些挑战教会权威的世俗故事。
>
> 彼特拉克本人的思想轨迹也充满张力：他既在《秘密》一书中虚构与奥古斯丁的对话，为自己的世俗情感寻求宗教宽恕；又在致友人信中直言"我宁愿在自己的土地上贫困地自由呼吸，也不愿在天堂里被黄金锁链束缚"。这种矛盾恰是转型时代的思想镜像——当教会仍用"末日审判"恐吓信众时，新兴的市民阶层已开始在彼特拉克的诗句中，找到肯定自我价值的精神依据。《歌集》的传播不仅催生了方言文学的兴起，更在但丁《神曲》的宗教框架之外，开辟了一条以个体验为核心的认知路径，标志着"人"作为独立精神主体的首次觉醒。

图 3-11　AI 助手的第二轮输出

3. 复杂任务，分而治之

教师在面对复杂任务时，通常无法通过单个提示词一次性完成整个任务目标，原因有二：一是单次提示词输出的文字数量存在限制；二是一次性输出无法控制任务目标中的各个部分的质量。在这种情况下，教师可以考虑分而治之的方式，把复杂任务拆解成一个个子任务，用提示词分别实现子任务目标，然后汇总成最终任务目标。

例如，大学社会学专业学生在开展“城市社区老年人养老需求及服务满意度调查”项目时，教师需要设计一套完整的项目指导方案，就可以运用任务分解法借助 AI 生成相关材料。

(1) 第一个子任务，进行问卷设计

向 AI 助手输入以下提示词：

> “你是一位资深的社会学研究专家，要为大学社会学专业学生设计一份关于城市社区老年人养老需求及服务满意度的调查问卷。参与调查的学生为大三学生，已学习过社会调查方法课程。问卷须涵盖老年人基本信息、日常生活照料需求、医疗保健需求、精神文化需求、对现有养老服务的满意度及改进建议等方面。每个方面设计 3~5 个具体问题，问题表述须简洁明了、通俗易懂，避免专业术语，以问卷格式输出，总问题数量控制在 25~30 个”。

AI 助手生成调查问卷初稿如图 3-12 所示。

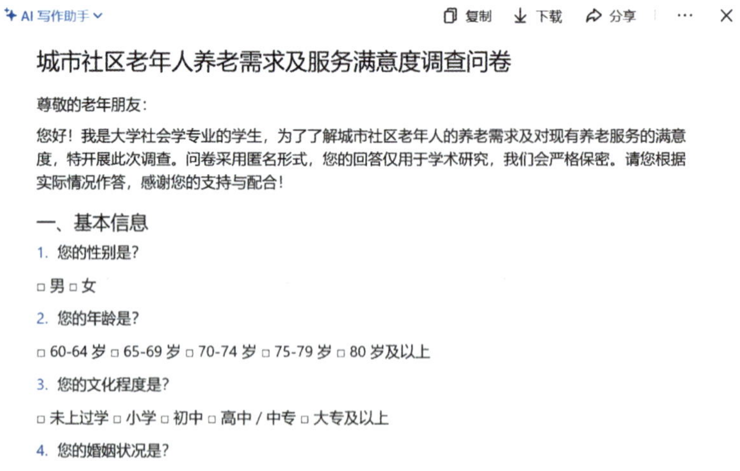

城市社区老年人养老需求及服务满意度调查问卷

尊敬的老年朋友：

您好！我是大学社会学专业的学生，为了了解城市社区老年人的养老需求及对现有养老服务的满意度，特开展此次调查。问卷采用匿名形式，您的回答仅用于学术研究，我们会严格保密。请您根据实际情况作答，感谢您的支持与配合！

一、基本信息

1. 您的性别是？

□男 □女

2. 您的年龄是？

□ 60-64 岁 □ 65-69 岁 □ 70-74 岁 □ 75-79 岁 □ 80 岁及以上

3. 您的文化程度是？

□未上过学 □小学 □初中 □高中 / 中专 □大专及以上

4. 您的婚姻状况是？

图 3-12　AI 助手执行第一个子任务

(2) 第二个子任务，针对问卷发放与回收方案设计

设计的提示词为：

"作为经验丰富的社会调查项目负责人，协助社会学专业学生制定上述问卷的发放与回收方案。项目在某城市的 5 个不同社区开展，每个社区计划调查 50 位老年人。考虑到老年人的特点，设计合适的问卷发放方式（如上门调查、社区活动中心集中发放等）及回收时间安排，同时制定应对问卷无效或缺失情况的措施，以文档形式呈现，字数在 1000 字左右"。

AI 助手生成问卷发放与回收方案如图 3-13 所示。

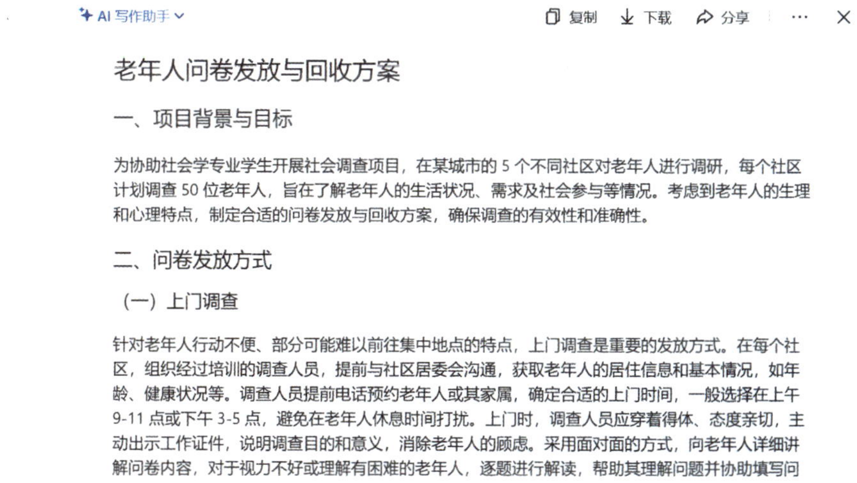

老年人问卷发放与回收方案

一、项目背景与目标

为协助社会学专业学生开展社会调查项目，在某城市的 5 个不同社区对老年人进行调研，每个社区计划调查 50 位老年人，旨在了解老年人的生活状况、需求及社会参与等情况。考虑到老年人的生理和心理特点，制定合适的问卷发放与回收方案，确保调查的有效性和准确性。

二、问卷发放方式

（一）上门调查

针对老年人行动不便、部分可能难以前往集中地点的特点，上门调查是重要的发放方式。在每个社区，组织经过培训的调查人员，提前与社区居委会沟通，获取老年人的居住信息和基本情况，如年龄、健康状况等。调查人员提前电话预约老年人或其家属，确定合适的上门时间，一般选择在上午 9-11 点或下午 3-5 点，避免在老年人休息时间时打扰。上门时，调查人员应穿着得体、态度亲切，主动出示工作证件，说明调查目的和意义，消除老年人的顾虑。采用面对面的方式，向老年人详细讲解问卷内容，对于视力不好或理解有困难的老年人，逐题进行解读，帮助其理解问题并协助填写问

图 3-13 AI 助手执行第二个子任务

(3) 第 N 个子任务，关于数据分析方法指导

设计的提示词为：

"你是一位专业的统计分析师，为参与'城市社区老年人养老需求及服务满意度调查'的社会学专业学生提供数据分析方法建议。学生已掌握基本的统计分析软件操作，要根据问卷数据类型（如定量数据、定性数据），建议合适的数据分析方法，如针对定量数据可采用描述性统计分析、相关性分析，针对定性数据可采用内容分析法等，并简要说明每种方法在本项目中的应用目的及操作步骤，以条理清晰的文档输出，字数在 1500 字左右"。

AI 助手完成数据分析方法指导内容如图 3-14 所示。

> ✦ AI 写作助手 ∨   复制 下载 分享 … ✕
>
> **城市社区老年人养老需求及服务满意度调查数据分析方法建议**
>
> 一、定量数据分析方法
>
> **1. 描述性统计分析**
>
> - **应用目的**：通过均值、标准差、频率分布等指标，全面呈现样本的人口学特征（如年龄、性别、收入）、养老需求强度（如医疗服务使用频率）及满意度水平（如对社区活动的评分），为后续分析奠定基础。
> - **操作步骤**：
>   - **数据清洗**：使用 SPSS 或 R 软件，检查并处理缺失值（如删除、均值插补）和异常值（如 Z-score 法）。
>   - **指标计算**：
>   - **集中趋势**：计算年龄的均值、收入的中位数。
>   - **离散程度**：计算满意度评分的标准差。
>   - **分布特征**：绘制年龄的直方图、健康状况的饼图。
>   - **结果输出**：生成统计表格（如频数表）和可视化图表（如箱线图），重点标注高需求领域（如 70% 老年人认为医疗服务不足）或满意度低谷（如助餐服务评分低于 3 分）。

图 3-14　AI 助手执行第 N 个子任务

通过将社会调查研究项目分解为问卷设计、发放回收方案制定、数据分析方法指导等子任务，利用 AI 助手分别生成各部分内容，教师能够整合出一套完整的项目指导方案，助力学生高效开展社会调查研究，提升学生的研究能力与实践水平。

掌握这些提示词进阶技巧，教师能够更精准、高效地与 AI 工具沟通，充分发挥 AI 在教学中的辅助作用，提升教学质量与效率，为智能教学时代的教学工作注入新的活力。

第 4 章

AI 辅助课程设计

本章主要阐述如何使用 AI 智能助手辅助进行课程设计。需要说明的是，目前国内的本科院校和职业院校，通常会针对各个专业制定人才培养方案。而依据教育部在相关文件中给出的人才培养方案制订与实施工作的指导意见，一般会包含专业名称及代码、入学要求、修业年限、职业面向、培养目标与培养规格、课程设置、学时安排、教学进程总体安排、实施保障、毕业要求等内容，部分院校还会要求附加教学进程安排表等材料，这些内容对于课程设计具有指导性意义。

本章所讨论的 AI 辅助课程设计，就是根据不同教师所属专业的人才培养方案，用 AI 助手辅助完成某一门课程的完整设计。课程设计与人才培养方案的关系本质上是"目标分解—路径实施—动态校准"的闭环过程，课程设计每个环节都应主动对标培养方案中的培养目标、毕业要求、课程体系等核心要素。详细来说，可以认为是将 AI 智能助手融入教学大纲设计、授课计划制订、教案编写、学情分析、课程配套作业等课程设计环节，同时加入课程思政、教学案例及互动环节的 AI 辅助设计，让 AI 助手从各个维度提升课程设计的效率和质量。此外，除了本章介绍的高校教学场景示例，AI 辅助课程设计的方法也具备可扩展性，中小学教师也可替换其中的提示词来辅助完成自身所需要的课程设计。

本章要点：

- 介绍如何使用 AI 助手辅助制定教学大纲、授课计划
- 将 AI 助手的扩展能力融入教案生成、学情分析、随堂作业等环节
- 用 AI 助手丰富课程思政和教学案例，快速设计课堂互动游戏

4.1 使用 DeepSeek 辅助设计教学大纲

本节使用 DeepSeek 作为 AI 智能助手辅助设计教学大纲。在进行设计之前，为保证充分贯彻教育部相关指导意见，需要根据实际情况准备一份政府官网公开的教育主管部门制定的官方文件，用来确保 AI 生成内容的正确引导方向。如果是本科院校的场景，可以上传类似《教育部关于深化本科教育教学改革全面提高人才培养质量的意见》相关文件；如果是职业院校，可以使用《教育部关于职业院校专业人才培养方案制订与实施工作的指导意见》或其他同类型文件。当然，使用本学校制定的指导意见也可以，这一步主要是用来避免 AI 在深度思考时对内容判断的认知偏差，具体方法如图 4-1 所示。

图 4-1　上传可公开获取的官方指导意见

在这里需要注意的是，如果使用在线的 AI 助手服务，一定要注意保护信息安全，不要上传敏感文件，对于公开文件，可对内容做适当删减以满足合规性要求。对于信息安全要求较高的场景，建议搭建本地的 AI 大模型平台以确保不会产生任何的信息泄露。

在功能选项方面，以 DeepSeek 为例，可以选择"深度思考（R1）"加强 AI 助手对文件的理解，并取消"联网搜索"的选项，避免互联网上未经验证的信息混入 AI 助手生成的内容。如无特别提示，本章后续内容默认关闭联网搜索功能，以确保生成内容的准确性。输入的提示词及 AI 助手的思考过程如图 4-2 所示。

图 4-2　AI 助手对任务进行深度思考

4.1.1　智能生成教学大纲框架

完成了基本引导后，可以开始正式让 AI 助手辅助生成课程设计中的教学大纲内容。本节应用 AI 助手，先根据人才培养方案中的课程目标，来生成教学大纲的关联性内容。以国内某"985 工程"高水平大学的教学要求为例，其教学大纲主要内容包括：课程基本信息、课程设置的目的意义、课程的基本要求、教学内容及教学设计、实践教学内容和基本要求、考核方式及成绩评定等。同时要求教师在制定教学大纲时，需说明课程类别、学时学分、先修课程、适用专业、教材、教学参考书等信息，并按照本专业培养方案的培养要求，参照培养方案中课程体系与培养要求的对应关系矩阵，阐述本课程所承载的知识、能力和素质培养的具体要求；还需要教师根据教学目的要求及学生的认识规律，系统安排该课程的教学内容、重点难点、教学时数分配等；在考核内容、考核方式方面，也要求教师根据课程类型、课程性质、课程内容及特点，确定适合的成绩评定方法。

1. 理科类教学大纲

接下来应用 AI 助手生成理科类教学大纲。将以上信息改写为合适的提示词输入 AI 助手中（注意，要在本章开头使用的对话中继续，不要新建 AI 对话），要求根据教师本身的所属专业和授课信息，生成教学大纲框架，比如教师为数学与应用数学专业，课程名称为《数学分析》。示例参考的《数学与应用数学专业教学培养方案》节选如图 4-3 所示。

数学与应用数学专业教学培养方案

一、培养目标及培养要求：

本专业培养掌握数学科学的基本理论和方法，具备运用数学知识解决实际问题的能力，受到科学研究的初步训练，能在科技、教育和经济部门从事研究、教学工作或在生产经营及管理管理部门从事实际应用、开发研究和管理工作的高级专门人才。要求学生掌握数学和应用数学的基本理论、基本方法，受到数学建模与计算科学方面的基本训练，具有较好的科学素养和宽广的知识面；熟练掌握一门外语；并有较强的创新意识、开拓精神以及较强的实际应用能力和适应能力。

二、毕业要求及授予学位类型：

本专业学生毕业时须满足通识教育课程（含通识教育核心课程和专项教育课程）40 学分、专业培养课程 78 学分（含毕业论文 6 学分）和多元发展路径课程的修读要求，总学分不低于 139 学分（含实践学分不低于 35 学分；含美育学分不少于 2 学分，其中至少在 "美学和艺术史类" 或 "艺术鉴赏和评论类" 课程中修读 1 学分，并至少参与一项艺术实践活动；劳动教育不少于 32 学时，并满足劳动周教育要求），达到学位要求者授予理学学士学位。

三、课程设置：

（一）通识教育课程（40 学分）

通识教育课程包括通识教育核心课程和专项教育课程。

1. 通识教育核心课程

要求修读 25 学分，含思想政治理论课 19 学分，七大模块课程 6 学分（每模块最多修读 1 门课程，回避科学探索与技术创新模块），课程设置详见核心课程七大模块和数学与应用数学专业修读建议。

图 4-3 数学与应用数学专业教学培养方案（节选）

上传了两个文档及输入的提示词如图 4-4 所示。

由于选择了 DeepSeek 的深度思考模式，因此输入上述提示词后 AI 助手会前置一段对该任务的思考和逻辑推理，具体内容如图 4-5 所示。

在这里推荐读者仔细阅读 AI 助手的思考过程，以确保所有提供的材料都已经被正确引用，如在上一轮对话中提供的官方指导意见、本轮对话提供的培养方案及教学大纲模板；同时查看 AI 助手是否完整理解了任务要求，如 "提取关键词""根据培养方案制定教学大纲""参考教学大纲模板和要求"。从图 4-5 中 AI 助手的思考过程来看，总体上的任务理解没有偏差，并且也合理使用了之前上传的一系列文档材料。

图 4-4　使用 DeepSeek 辅助生成教学大纲框架

图 4-5　生成教学大纲前 DeepSeek 的深度思考过程（节选）

对于特定的 AI 助手，如本章使用的 DeepSeek，通常会生成较长、较为全面的内容，需要使用者对其结果进行仔细筛选，并确认其中的细节是否正确，此处仅展示部分教学大纲框架内容（如图 4-6 所示），完整内容读者可下载本书配套资源查看。

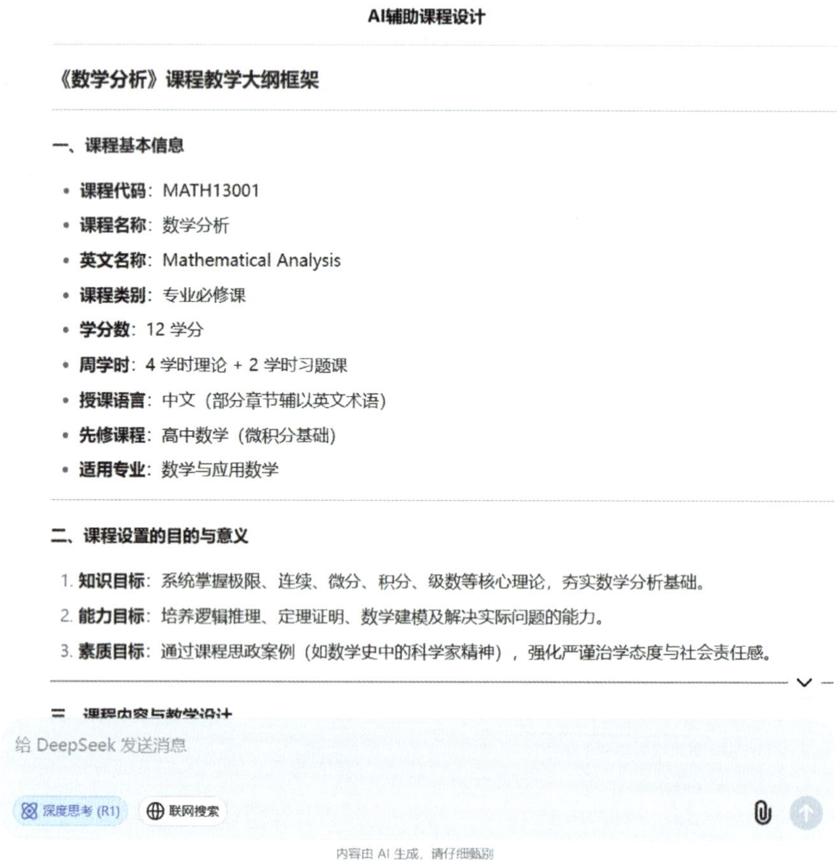

AI辅助课程设计

《数学分析》课程教学大纲框架

一、课程基本信息

- **课程代码**：MATH13001
- **课程名称**：数学分析
- **英文名称**：Mathematical Analysis
- **课程类别**：专业必修课
- **学分数**：12 学分
- **周学时**：4 学时理论 + 2 学时习题课
- **授课语言**：中文（部分章节辅以英文术语）
- **先修课程**：高中数学（微积分基础）
- **适用专业**：数学与应用数学

二、课程设置的目的与意义

1. **知识目标**：系统掌握极限、连续、微分、积分、级数等核心理论，夯实数学分析基础。
2. **能力目标**：培养逻辑推理、定理证明、数学建模及解决实际问题的能力。
3. **素质目标**：通过课程思政案例（如数学史中的科学家精神），强化严谨治学态度与社会责任感。

三、课程内容与教学设计

图 4-6 DeepSeek 辅助生成的教学大纲框架（节选）

正常情况下，以目前 AI 助手的能力，很难在缺少必要信息的情况下一次就生成完美的教学大纲，这就需要使用过程中补充必要的课程基础信息，并要求 AI 助手按照学校的模板要求生成内容。作为示例，这里补充了一个新的文件《补充课程基础信息》并调整了格式优化提示词，以便更契合特定的输出要求，如图 4-7 所示。

根据文档《数学分析补充课程基础信息》中的内容，重新优化上一次生成的教学大纲框架，并将内容输出到类似《课程教学大纲模板(中文)》中的表格中，尽量保证内容格式和模板中的表格一致。

已深度思考（用时 28 秒）

好的，我需要根据用户提供的《数学分析补充课程基础信息.md》重新优化之前生成的《数学分析》课程教学大纲框架，并将内容填充到类似《课程教学大纲模板(中文)》的表格中，同时保持格式一致。

首先，我需要仔细阅读《数学分析补充课程基础信息.md》的内容，提取关键信息。该文档详细说明了课程的介绍、性质、基本要求、教学方式、教学内容与学时分配，以及教材与参考文献。这些信息需要整合到教学大纲的各个部分中。

接下来，回顾之前生成的《数学分析》课程教学大纲框架，确保新的大纲覆盖所有必要部分，如课程基本信息、课程设置的目的与意义、教学内容与教学设计、实践教学要求、考核方式与成绩评定、教材与参考资源，以及课程与培养要求的对应关系。

图 4-7　补充课程基础信息并优化提示词

这里选取了优化后的教学目的相关内容（如图 4-8 所示），和上文中图 4-6 对比发现，新的内容用词更加专业并且补充了额外的课程信息。

教学目的

1. **知识目标**：系统掌握极限、微积分、级数、重积分等核心理论，建立严格的数学分析体系。
2. **能力目标**：培养逻辑推理、定理证明、数学建模及解决实际问题的能力。
3. **素质目标**：通过数学史与科学家案例融入思政元素，培养严谨治学态度与社会责任感。

基本内容简介

本课程分为三部分：

- **数学分析 I**：集合与映射、数列极限、函数极限与连续性、微分学、微分中值定理、不定积分、定积分基础。
- **数学分析 II**：定积分应用、反常积分、数项级数、函数项级数、多元函数极限与连续、多元微分学。
- **数学分析 III**：多元微分学极值、重积分、曲线与曲面积分、含参变量积分、Fourier 级数。

给 DeepSeek 发送消息

深度思考 (R1)　　联网搜索

内容由 AI 生成，请仔细甄别

图 4-8　优化后的教学目的和课程简介

在生成教学大纲格式方面，此处用图 4-9a 和图 4-9b 作对比，其中图 4-9a 是 AI 助手生成的新的教学大纲格式，图 4-9b 是模板中给出的教学大纲模板（可更换为读者所在学校的特定模板），可以看到再一次生成的教学大纲框架已经严格匹配了诸如"教师团队""教学内容安排"等内容，符合预期要求。

a）AI 助手匹配格式后生成的教学大纲　　　　　　b）上传的教学大纲模板

图 4-9　按模板匹配后重新生成的教学大纲

完整版本的优化后的教学大纲框架可以在本书配套资源中查看，同时也建议读者根据实际情况，使用不同的培养方案、课程信息、教学大纲模板进行多次尝试，逐渐优化到满足要求的版本。

2. 文科类教学大纲

参照上文中理科类教学大纲生成的方法，可以用同样的方式进行文科类专业课程的教学大纲生成。例如，选择国内某高校金融学专业的课程《国际金融》，上传对应的专业培养方案、课程内容、教学大纲模板，使用如图 4-10 所示的提示词。

AI 助手生成的教学大纲框架及转换为课程教学大纲后的（需要将生成的信息手动填充到空白的教学大纲模板中）结果如图 4-11 所示。

3. 通识教育选修类教学大纲

对于非专业课的通识教育类选修课程，有时并不会对应详细的培养方案，此时只需要在提示词中加入课程对应的学分、周学时等信息即可，本节使用某高校公共卫生学院开设的课程《健康传播理论与实践》为例，使用如下提示词生成通识类选修课程的教学大纲，如图 4-12 所示。

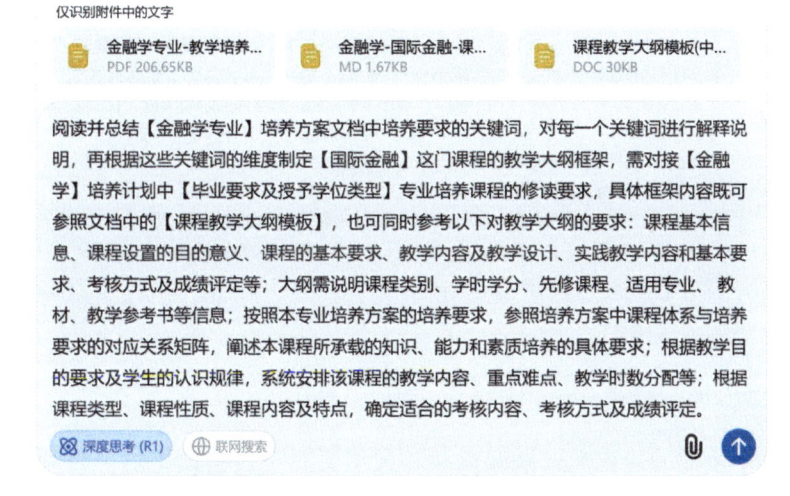

图 4-10　上传金融学培养方案、《国际金融》课程内容和教学大纲模板

图 4-11　《国际金融》课程教学大纲（节选）

你的智能教学助手：应用 AI 工具高效辅助教学

```
仅识别附件中的文字

    通识教育-健康传播理...        课程教学大纲模板(中...
    MD 587B                    DOC 30KB

制定【健康传播理论与实践】这门课程的教学大纲框架，该课程为2学分，周学时为2学时，
具体框架内容既可参照文档中的【课程教学大纲模板】，也可同时参考以下对教学大纲的要
求：课程基本信息、课程设置的目的意义、课程的基本要求、教学内容及教学设计、实践教
学内容和基本要求、考核方式及成绩评定等；大纲需说明课程类别、学时学分、先修课程、
适用专业、教材、教学参考书等信息；按照本专业培养方案的培养要求，参照培养方案中课
程体系与培养要求的对应关系矩阵，阐述本课程所承载的知识、能力和素质培养的具体要
求；根据教学目的要求及学生的认识规律，系统安排该课程的教学内容、重点难点、教学时
数分配等；根据课程类型、课程性质、课程内容及特点，确定适合的考核内容、考核方式及
成绩评定。

 深度思考(R1)    联网搜索
```

图 4-12　调整提示词生成通识类选修课程的教学大纲

AI 助手生成的通识类选修课程教学大纲汇总至表格模板后，教师可根据实际课程内容进行手动调整，最终大纲内容如图 4-13 所示。

课程教学大纲

院系：公共卫生学院				日期：2025年4月5日	
课程代码	GPEC18237				
课程名称	健康传播理论与实践				
英文名称	Health Communication Theory and Practice				
学 分 数	2	周学时	2	授课语言	中文
课程性质	□通识教育专项 □核心课程 ■通识教育选修 □大类基础 □专业必修 □专业选修 □其他				
教学目的	1. 本课程通过介绍健康传播的基本概念、重要作用、应用场景、实践产出，让学生对于健康传播有一个基本认识，从而能够主动关注健康、理解健康、保持健康； 2. 本课程通过介绍医疗、家庭、社区、职业场所中的健康传播理论和实践，让学生能够把健康传播和自己的兴趣爱好、职业发展建立联系，建立全面健康的理念； 3. 本课程通过介绍与实践说服、媒介倡导与传播运动，让学生能够				

图 4-13　通识类选修课程教学大纲（节选）

4.1.2 自动化对标培养方案

在 AI 辅助生成教学大纲后,可以使用适当的提示词,让 AI 助手自动将教学大纲中的内容与培养方案进行对标。根据图 4-3 中的培养方案可知,该专业(数学与应用数学)提及的主要目标和要求有:

- 掌握数学科学的基本理论和方法。
- 具备运用数学知识解决实际问题的能力。
- 受到科学研究的初步训练。
- 熟练掌握一门外语。
- 有较强的创新意识、开拓精神。

在上述《数学分析》的教学大纲 AI 助手对话中,继续使用以下提示词:

> 提取与该课程相关的培养目标和培养要求,总结并匹配对应的课程支撑内容,以列表的形式展示。

AI 助手生成的课程与培养要求的对应关系如图 4-14 所示。

课程与培养要求的对应关系

培养要求维度	课程支撑内容
基本理论与方法	通过极限、微积分、级数等模块的系统学习,掌握严格的分析工具与证明技巧。
实际问题解决能力	结合物理建模、几何应用案例教学,提升应用能力。
科学研究训练	课程论文要求文献综述与创新性分析,为毕业论文奠定基础。
外语能力	引入英文教材章节阅读,期末考试含英文术语考核。
综合素质	思政实践环节强化科学精神与价值观,实验环节培养团队协作能力。

备注:本大纲经数学科学学院本科教学委员会审核通过,并根据学科发展动态定期修订。

图 4-14 自动生成课程与培养要求的对应关系

可以看到，在"培养要求维度"这一列中，较为完整地覆盖了培养方案中提及的关键内容，同时也在"课程支撑内容"中列出了相关的课程知识点和课程设计要点。

此外也可以继续深入分析，让 AI 助手生成课程矩阵，横向列出课程目标、内容、考核方式、权重占比，纵向通过不同维度目标进行分类分析。

在上述 AI 对话中继续使用以下提示词：

> 生成课程矩阵图。
> 用 Markdown 表格呈现课程目标-课程内容-考核方式对应关系。

AI 助手生成的内容如图 4-15 所示。

课程矩阵图：课程目标-课程内容-考核方式对应关系

课程目标	课程内容	对应的考核方式	权重占比
知识目标			总计 60%
	极限与连续（ε-δ语言）	平时作业（定理证明）、期中考试（收敛性判别）	20%
	一元微分学（中值定理）	期中考试（计算题）、期末考试（综合应用题）	15%
	重积分与曲线积分	期末考试（计算与证明）、实验报告（数值模拟）	25%
能力目标			总计 30%
	数学建模（Taylor展开应用）	课程论文（应用分析）、实验报告（Matlab验证）	15%
	多元微分学（极值问题）	期中考试（极值求解）、期末考试（综合应用题）	10%
	函数项级数（一致收敛性）	平时作业（证明题）、期末考试（收敛性分析）	5%
素质目标			总计 10%
	思政案例（科学家精神）	课程论文（主题报告）、课堂讨论（辩论活动）	5%
	教学实验（团队协作）	实验报告（小组合作评分）、平时作业（开放性题目）	5%

图 4-15　让 DeepSeek 生成课程矩阵图

4.2 使用 DeepSeek 辅助制订授课计划

4.2.1 智能拆分知识单元并制订授课计划

在制定教学大纲的过程中，会按照培养方案的要求明确该门课程的总学分、总学时、周学时，以及课程的主要内容和教材。使用这些信息，可以让 AI 助手辅助教师拆分知识单元并制订授课计划。本小节使用高等动力学课程作为示例，利用课程信息（也可以使用教材目录）以及一些基本的教学要求，用 DeepSeek 快速辅助制订授课计划，使用的课程内容文档及提示词如图 4-16 所示。

图 4-16　让 DeepSeek 辅助制订授课计划

需要注意的是，虽然 DeepSeek 具有"深度思考"能力，但不建议使用过于简单的提示词，尽量加入课程本身的"教学单元数量""周学时"等信息，可以极大提升 AI 生成授课计划的效果。本示例中上传的课程内容文档节选如图 4-17 所示。

经过 DeepSeek 的思考和生成，一篇可参考的授课计划如图 4-18 所示。

内容提要	第一章　分析力学引论 1. 质点系、构形空间、约束、自由度、理想约束假设 2. d'Alembert 原理、Hamilton 原理 3. 变分原理、Euler-Lagrange 方程 4. Euler-Lagrange 方程应用：循环坐标与守恒律 5. Legendre 变换、Hamilton 正则方程 第二章　微振动理论 1. 多自由度质量弹簧系统运动方程、质量矩阵与刚度矩阵 2. 主坐标系、主频率、振型 3. 受迫振动、阻尼效应、稳定性、参数共振 4. 非线性振动引论：Duffing、van de Pol、Lorenz 系统 第三章　刚体运动学 1. 刚体坐标架表示与坐标变换，正交变换表示和性质 2. 刚体定点运动、张量、角速度张量 3. 有限运动与 Euler 定理 4. Euler 角、刚体一般运动、Chasle 定理

图 4-17　上传的《高等动力学》课程内容（节选）

高等动力学课程教学计划与单元划分

授课计划（每周 4 学时）

周次	单元	内容	备注
1-3	第一单元	质点系与约束、动力学原理、变分法	第 3 周习题课
4-6	第二单元	线性振动、受迫振动、非线性振动	第 6 周案例分析
7-8	第三单元	刚体运动学数学描述、一般运动	第 8 周实践演示
9-12	第四单元	惯性张量、Euler 方程、非惯性系动力学	第 12 周综合讨论
13	总复习与考试	知识点梳理、答疑	期末笔试（50%）

评分标准

- 平时作业（20%）、期中笔试（30%）、期末笔试（50%）

教材与参考书

- 主教材：《理论力学》（朱照宣等）
- 拓展阅读：Goldstein《Classical Mechanics》、Landau《Mechanics》

给 DeepSeek 发送消息

图 4-18　DeepSeek 生成的《高等动力学》授课计划

可以看到，提示词中约束的"教学单元""周课时"等要求，在 AI 助手生成的过程中也都得到了较好的执行，详细的单元拆分可以参见图 4-19 所示内容，部分重难点做了星形标注。

```
高等动力学课程教学单元划分及授课计划
总学时：52 学时（13 周 × 4 学时/周）

第一单元：分析力学基础（14 学时）
重点：变分原理、Euler-Lagrange 方程 ★
难点：约束与自由度的抽象描述、Hamilton 原理的应用 ★
  1. 质点系与约束（3 学时）
     ○ 质点系与构形空间、理想约束假设
  2. 动力学基本原理（3 学时）
     ○ d'Alembert 原理、Hamilton 原理
  3. 变分法与方程推导（5 学时）
     ○ 变分原理、Euler-Lagrange 方程（含习题课）★
  4. 综合应用与习题（3 学时）

第二单元：振动理论（14 学时）
```

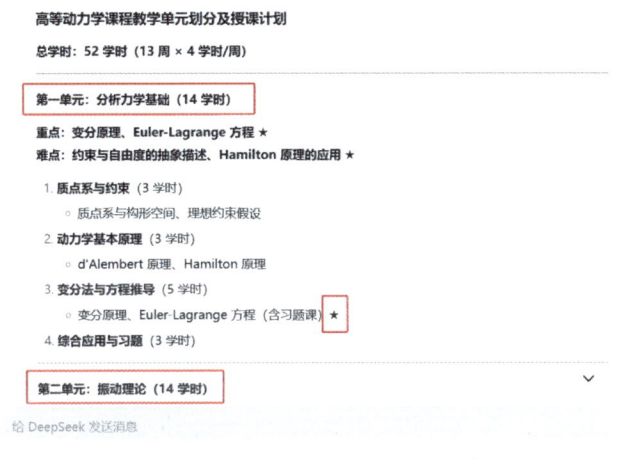

图 4-19　经过 DeepSeek 智能拆分后的教学单元（节选）

当课程进行到某一阶段，还可以根据当前的周数，让 AI 助手生成课程应有进度的图示，例如本小节使用如下提示词生成教学周第 7 周的正常进度。

假设当前是第 7 周，请按照上面的授课计划，生成课程进度的甘特图，要用文本模拟进度条的样式。

按照之前生成的授课计划，AI 助手生成的教学进度如图 4-20 所示。

```
本周内容（第7周）
  1. 刚体运动的数学描述（4 学时）
     ○ 坐标架表示、正交变换（2 学时）
     ○ 角速度张量、定点运动与 Euler 定理（2 学时）★

文本甘特图（模拟进度条）
| 周次 | 进度条 | 完成比例 | 内容概要 |
| 7 |  ██████░░ | 75% | 已完成：坐标架表示、正交变换
                          进行中：角速度张量、Euler 定理 |

说明
• 进度条：█ 表示已完成学时，░ 表示剩余学时。
• 当前状态：第7周计划4学时，已完成3学时（坐标架表示、正交变换），剩余1学时（Euler 定理深入）。
• 重点标注：角速度张量与 Euler 定理为本周难点（标★）。
```

图 4-20　DeepSeek 生成的教学进度示意图

4.2.2 实践环节智能排布

对于理工类的课程，教学环节还经常需要包含实验或实践安排，使用 AI 助手同样可以根据教学内容高效地设计实践环节并进行智能排布。对于文科类或经管类课程，也可将"实验""仿真"等内容替换为"调研走访""企业座谈"等。本小节为方便说明，继续以上述高等动力学课程作为示例。

在上一小节与 DeepSeek 的对话中，继续使用如图 4-21 所示提示词。

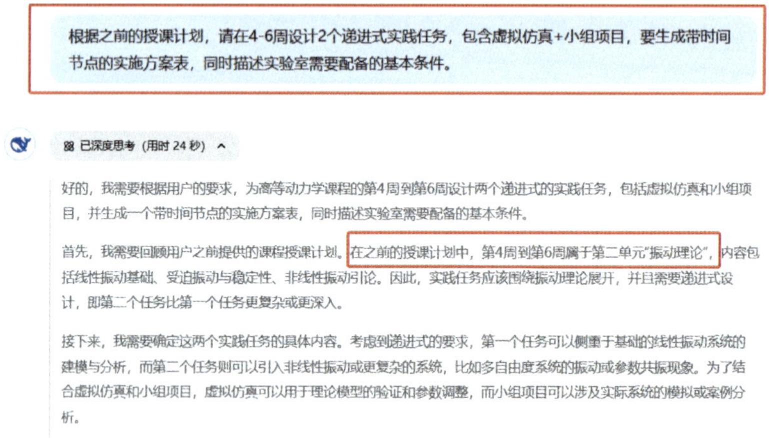

图 4-21 让 DeepSeek 补充实践环节

这里针对前文生成的第 4 周到第 6 周教学内容（第二个教学单元"振动理论"），要求 AI 助手补充对应的实践任务，包含虚拟仿真和小组项目，同时还要求设计两个实践环节，要有递进性的关系以便学生循序渐进。通过图 4-21 所示的 DeepSeek 的思考过程可知，虽然在提示词中并未提及相关教学内容，但根据上下文内容，AI 助手可以正确理解第二单元的授课计划。

按照提示词的要求，AI 助手生成了两套递进式的实践任务来配合原本的教学大纲和授课计划，如图 4-22 所示。

同时 AI 助手还会给出实践环节的方案表，明确任务阶段、时间节点、核心活动、交付成果，并对递进关系与设计逻辑进行一定的解释，如图 4-23 所示。

第 4 章　AI 辅助课程设计　67

任务一：线性多自由度振动系统的建模与虚拟仿真

目标：掌握线性振动系统的建模方法，验证主坐标系与振型理论。

时间节点：

时间段	内容	类型
第4周	1. 虚拟仿真平台培训（MATLAB/Simulink） 2. 建立二自由度质量-弹簧系统模型	虚拟仿真
第5周	1. 计算质量矩阵与刚度矩阵 2. 仿真主频率与振型，对比理论结果	小组项目
第5周末	提交仿真报告（含参数敏感性分析）	成果验收

实验室基本条件：
- 硬件：高性能计算机（安装MATLAB/Simulink）、数据采集卡（可选）。
- 软件：MATLAB（含Control System Toolbox）、振动仿真模块。
- 安全设施：防静电工作台、紧急电源切断装置。

任务二：非线性受迫振动系统的协同设计与参数优化

目标：探究非线性振动特性（如Duffing方程），优化阻尼与激励参数。

时间节点：

时间段	内容	类型
第5周	1. 虚拟仿真：Duffing方程数值解 2. 分析混沌阈值与参数共振	虚拟仿真
第6周	1. 小组设计：基于van der Pol振荡器的阻尼优化方案 2. 仿真验证与稳定性评估	小组项目
第6周末	提交设计报告（含优化对比与工程应用建议）	成果验收

实验室基本条件：
- 硬件：多通道信号发生器、示波器、非线性元件模拟装置（如电磁激励器）。
- 软件：COMSOL Multiphysics（非线性动力学模块）、Python（SciPy库）。
- 安全设施：振动隔离台、过载保护电路。

图 4-22　DeepSeek 生成的两套实践任务

实施方案表

任务阶段	时间节点	核心活动	交付成果
任务一	第4周	系统建模与虚拟仿真	二自由度系统仿真文件
	第5周	主频率计算与振型对比	仿真分析报告（含误差分析）
任务二	第5周	非线性方程求解与混沌现象观察	Duffing系统动态响应数据集
	第6周	阻尼优化方案设计与稳定性验证	优化设计报告（含参数建议）

递进关系与设计逻辑

1. **任务一**为基础层，聚焦线性系统理论验证；**任务二**为进阶层，引入非线性与参数优化。
2. **虚拟仿真**提供理论验证工具，**小组项目**强化工程问题解决能力。
3. 实验室配备需兼顾数值仿真（软件）与物理实验（硬件），确保虚实结合。

备注：建议在第6周安排1学时的小组答辩，促进学生交流与反馈。

图 4-23　DeepSeek 对实践环节智能排布

4.3　使用 DeepSeek 辅助生成教案

4.3.1　5E 教学环节自动填充

以国内某高校金融学专业为例，其中大三的选修课《供应链管理》中涉及知识点"供应链管理中的牛鞭效应"，本小节以此作为示例，讲解如何使用 AI 助手为这一具体知识点辅助生成课程的教案（课件制作可参看本书相关章节）。

在示例中本书使用经典的 5E 教学模式，读者在实际使用过程中，也可以替换为其他经典教学模式，如系统化教学设计模型（ADDIE）、对分课堂（PAD Class）、教学目标导向（BOPPPS）等。

在 DeepSeek 中新建对话，使用的提示词及思考过程如图 4-24 所示。

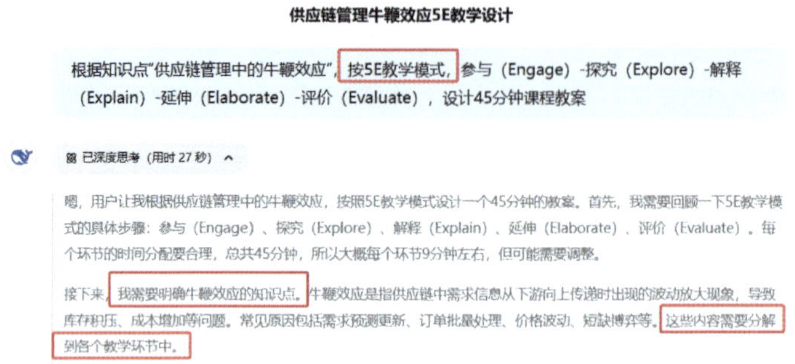
供应链管理牛鞭效应5E教学设计

根据知识点"供应链管理中的牛鞭效应"，按5E教学模式，参与（Engage）-探究（Explore）-解释（Explain）-延伸（Elaborate）-评价（Evaluate），设计45分钟课程教案

已深度思考（用时 27 秒）

嗯，用户让我根据供应链管理中的牛鞭效应，按照5E教学模式设计一个45分钟的教案。首先，我需要回顾一下5E教学模式的具体步骤：参与（Engage）、探究（Explore）、解释（Explain）、延伸（Elaborate）、评价（Evaluate）。每个环节的时间分配要合理，总共45分钟，所以大概每个环节9分钟左右，但可能需要调整。

接下来，我需要明确牛鞭效应的知识点。牛鞭效应是指供应链中需求信息从下游向上传递时出现的波动放大现象，导致库存积压、成本增加等问题。常见原因包括需求预测更新、订单批量处理、价格波动、短缺博弈等。这些内容需要分解到各个教学环节中。

图 4-24　用 DeepSeek 按照 5E 教学模式生成教案

在这里需要指出的是，如果有教师本人习惯的授课方式或成型教案，可以作为示例文件上传，只需要在提示词中加入“参照文档中的教案示例”即可。如没有提供示例，AI 助手会根据自身理解，生成类似图 4-25 中的教案内容。

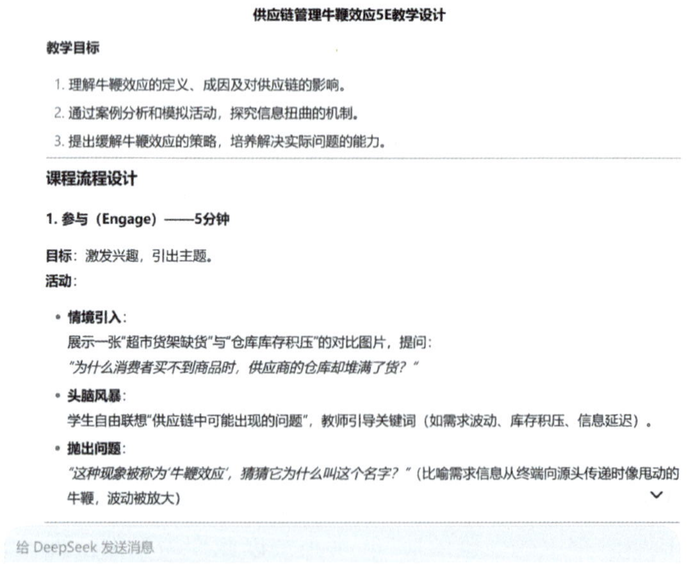
供应链管理牛鞭效应5E教学设计

教学目标

1. 理解牛鞭效应的定义、成因及对供应链的影响。
2. 通过案例分析和模拟活动，探究信息扭曲的机制。
3. 提出缓解牛鞭效应的策略，培养解决实际问题的能力。

课程流程设计

1. 参与（Engage）——5分钟

目标：激发兴趣，引出主题。

活动：

- **情境引入**：
  展示一张"超市货架缺货"与"仓库库存积压"的对比图片，提问：
  "为什么消费者买不到商品时，供应商的仓库却堆满了货？"
- **头脑风暴**：
  学生自由联想"供应链中可能出现的问题"，教师引导关键词（如需求波动、库存积压、信息延迟）。
- **抛出问题**：
  "这种现象被称为'牛鞭效应'，猜猜它为什么叫这个名字？"（比喻需求信息从终端向源头传递时像甩动的牛鞭，波动被放大）

给 DeepSeek 发送消息

图 4-25　DeepSeek 辅助生成的教案（节选）

按照提示词中的要求，AI 助手将供应链管理中的“牛鞭效应”知识点分解填充到 5E 教学模式的各个环节中，如“参与（Engage）”环节，加入了情景引入和头脑风暴，引出“需求波动”“库存积压”等关键词。其他四个环节“探究（Explore）”“解释（Explain）”“延伸（Elaborate）”“评价（Evaluate）”的教案设计分别如图 4-26a ~ 图 4-26d 所示。

2. 探究（Explore）——10分钟

目标：通过模拟活动体验牛鞭效应。
活动：

- **角色扮演游戏（简化版啤酒游戏）**：
  将学生分为4组，分别扮演零售商、批发商、分销商、制造商。
  - **规则**：
    1. 教师作为消费者，向零售商发出初始订单（如10个单位）。
    2. 每组只能与上下环节沟通（如零售商→批发商→分销商→制造商），每次传递订单需增加2天“处理时间”。
    3. 最后统计各环节的订单量和库存积压。
  - **结果观察**：
    制造商的订单量远大于消费者需求，库存积压严重，展示牛鞭效应现象。
- **小组讨论**：
  “哪个环节波动最大？为什么信息传递会失真？”

a）5E教学模式中“探究”环节

3. 解释（Explain）——12分钟

目标：系统讲解牛鞭效应的原理与成因。
活动：

- **概念定义**：
  展示牛鞭效应定义：“供应链中需求信息从终端向源头传递时，波动逐级放大的现象。”
- **动态图示**：
  用动画演示“消费者需求→零售商订单→批发商订单→制造商生产”的波动放大过程。
- **成因分析**（结合游戏结果）：
  1. **需求预测更新**（各环节根据历史订单预测，而非实际需求）。
  2. **订单批量处理**（为节省成本，积累订单后一次性下单）。
  3. **价格波动与促销**（如“双十一”导致突击性囤货）。
  4. **短缺博弈**（供不应求时，下游超额订购以防缺货）。
- **影响总结**：
  库存成本上升、运输效率低下、供应链信任度降低。

b）5E教学模式中“解释”环节

4. 延伸（Elaborate）——10分钟

目标：应用知识解决实际问题。
活动：

- **案例分析**：
  展示某手机品牌因芯片短缺导致生产延迟的案例，提问：
  “如何用牛鞭效应解释这一现象？可采取哪些措施缓解？”
- **策略设计**：
  小组讨论后提出解决方案，教师补充：
  1. **信息共享**（如共享销售终端数据，避免多层预测）。
  2. **供应商管理库存（VMI）**（供应商直接管理零售商库存）。
  3. **减少批量订购**（采用小批量高频次补货）。
  4. **稳定价格策略**（避免促销导致需求骤增）。
- **技术延伸**：
  简要介绍物联网（IoT）和大数据在供应链信息透明化中的应用。

c）5E教学模式中“延伸”环节

5. 评价（Evaluate）——8分钟

目标：检测学习效果，反思改进。
活动：

- **快速测验**（3分钟）：
  1. 牛鞭效应中，需求波动从哪个环节开始放大？（答案：零售商→制造商）
  2. 列举两个缓解牛鞭效应的策略。
- **小组互评**（3分钟）：
  各组分享解决方案，其他组用“点赞贴纸”投票最佳策略。
- **总结反思**（2分钟）：
  教师总结关键点，并提问：
  “如果未来你管理一家企业，会在供应链中优先关注什么？”

d）5E教学模式中“评价”环节

图 4-26 DeepSeek 自动填充 5E 教学模式环节

在 AI 助手自动填充教学环节后，也会在教案结尾处添加课后延伸和所用到的教学工具，如图 4-27 所示。

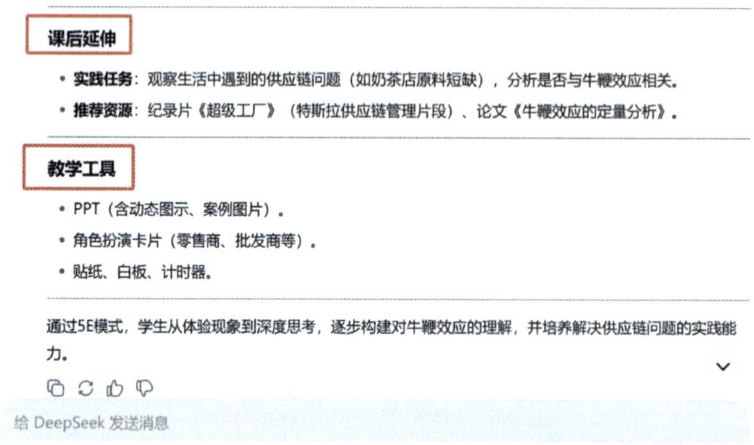

课后延伸

- **实践任务**：观察生活中遇到的供应链问题（如奶茶店原料短缺），分析是否与牛鞭效应相关。
- **推荐资源**：纪录片《超级工厂》（特斯拉供应链管理片段）、论文《牛鞭效应的定量分析》。

教学工具

- PPT（含动态图示、案例图片）。
- 角色扮演卡片（零售商、批发商等）。
- 贴纸、白板、计时器。

通过5E模式，学生从体验现象到深度思考，逐步构建对牛鞭效应的理解，并培养解决供应链问题的实践能力。

图 4-27　DeepSeek 建议的课后延伸和教学工具

4.3.2　智能匹配成果导向教育（OBE）理念

使用合适的提示词，也可以调整 AI 助手生成教案时的教育理念，例如上一小节相同的知识点，可以根据需要改为以成果导向教育（Outcome-based Education，OBE）的理念，提示词及思考过程如图 4-28 所示。

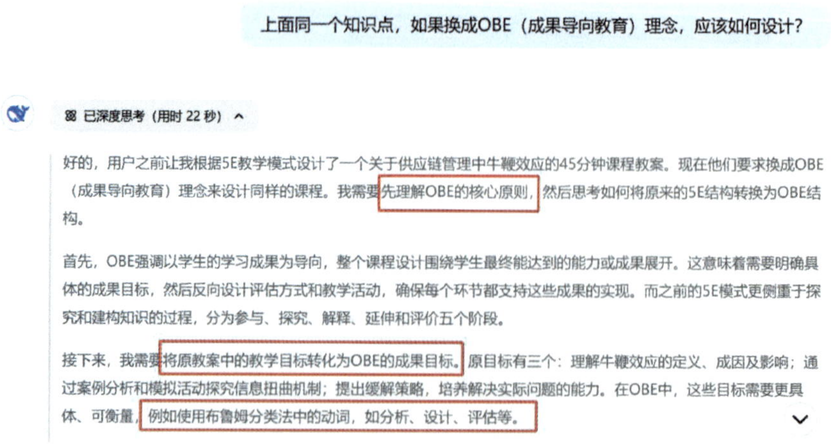

> 上面同一个知识点，如果换成OBE（成果导向教育）理念，应该如何设计？

已深度思考（用时 22 秒）

好的，用户之前让我根据5E教学模式设计了一个关于供应链管理中牛鞭效应的45分钟课程教案。现在他们要求换成OBE（成果导向教育）理念来设计同样的课程。我需要**先理解OBE的核心原则**，然后思考如何将原来的5E结构转换为OBE结构。

首先，OBE强调以学生的学习成果为导向，整个课程设计围绕学生最终能达到的能力或成果展开。这意味着需要明确具体的成果目标，然后反向设计评估方式和教学活动，确保每个环节都支持这些成果的实现。而之前的5E模式更侧重于探究和建构知识的过程，分为参与、探究、解释、延伸和评价五个阶段。

接下来，我需要**将原教案中的教学目标转化为OBE的成果目标**。原目标有三个：理解牛鞭效应的定义、成因及影响；通过案例分析和模拟活动探究信息扭曲机制；提出缓解策略，培养解决实际问题的能力。在OBE中，这些目标需要更具体、可衡量，**例如使用布鲁姆分类法中的动词，如分析、设计、评估等**。

图 4-28　DeepSeek 思考如何将教案转变为 OBE 理念

可以看到，AI 助手对 OBE 的核心原则进行了思考，同时试图将之与上文中的 5E 教学模式进行对比，并改变教案的生成思路。

在 AI 助手的思考过程中，也会根据经验加入经典的理论方法如"布鲁姆教育目标分类法"来改变教案中的相关描述，图 4-29 中展示了辅助生成的教案部分节选，在图 4-29a 中，AI 助手确定了 OBE 理念下非常重要的学习成果（Learning Outcomes），并在后续课程设计框架中，围绕该学习成果制定了成果对齐和评估标准（见图 4-29b）、教学活动设计（见图 4-29c）、课后延伸与成果巩固（见图 4-29d）。

以下是基于**OBE（成果导向教育）**理念设计的45分钟课程教案，聚焦"供应链管理中的牛鞭效应"，以明确的学习成果为核心，反向设计教学活动和评估方式：

课程主题：供应链管理中的牛鞭效应

学习成果（Learning Outcomes）
学生在本课程后能够：

1. **解释**牛鞭效应的定义、成因及对供应链的具体影响。
2. **分析**实际案例中牛鞭效应的形成机制。
3. **设计**缓解牛鞭效应的可行策略，并**评估**其有效性。

给 DeepSeek 发送消息

a）按OBE理念编写的学习成果

1. 明确成果与评估标准（课前准备）

- **成果对齐的评估任务**：
  - **任务1（解释）**：通过课堂测验或问答，准确描述牛鞭效应的成因（匹配成果1）。
  - **任务2（分析）**：案例分析报告中指出信息扭曲的关键环节（匹配成果2）。
  - **任务3（设计+评估）**：小组提出策略并论证其可行性（匹配成果3）。
- **评估标准（Rubric）**：

成果等级	描述
优秀（4分）	能结合多因素（如预测偏差、批量订单）解释成因，策略具有创新性和实操性。
良好（3分）	准确解释成因，策略合理但缺乏细节。
需改进（2分）	仅能复述定义，策略笼统或与问题无关。

b）成果对齐和评估标准

图 4-29　按 OBE 理念重新生成的教案（节选）

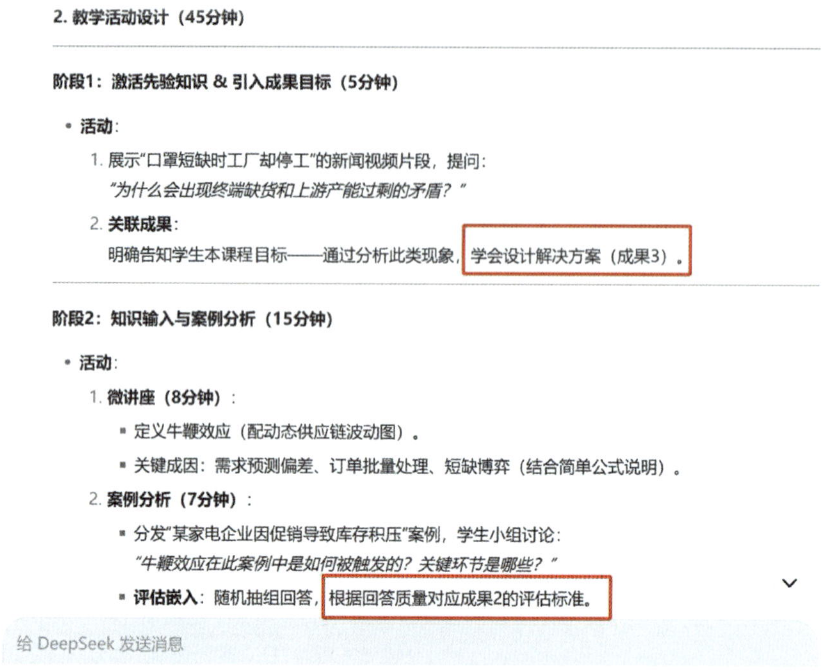

2. 教学活动设计（45分钟）

阶段1：激活先验知识 & 引入成果目标（5分钟）

- 活动：
  1. 展示"口罩短缺时工厂却停工"的新闻视频片段，提问：
     "为什么会出现终端缺货和上游产能过剩的矛盾？"
  2. **关联成果：**
     明确告知学生本课程目标——通过分析此类现象，学会设计解决方案（成果3）。

阶段2：知识输入与案例分析（15分钟）

- 活动：
  1. 微讲座（8分钟）：
     - 定义牛鞭效应（配动态供应链波动图）。
     - 关键成因：需求预测偏差、订单批量处理、短缺博弈（结合简单公式说明）。
  2. 案例分析（7分钟）：
     - 分发"某家电企业因促销导致库存积压"案例，学生小组讨论：
       "牛鞭效应在此案例中是如何被触发的？关键环节是哪些？"
     - **评估嵌入：** 随机抽组回答，根据回答质量对应成果2的评估标准。

给 DeepSeek 发送消息

c）教学活动设计

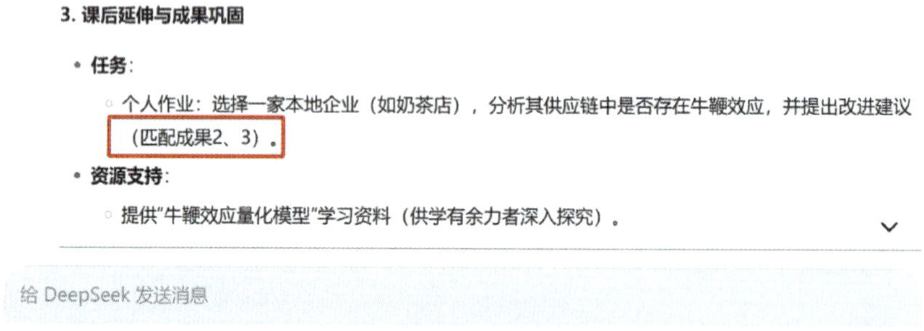

3. 课后延伸与成果巩固

- 任务：
  - 个人作业：选择一家本地企业（如奶茶店），分析其供应链中是否存在牛鞭效应，并提出改进建议（匹配成果2、3）。
- 资源支持：
  - 提供"牛鞭效应量化模型"学习资料（供学有余力者深入探究）。

给 DeepSeek 发送消息

d）课后延伸与成果巩固

图 4-29 按 OBE 理念重新生成的教案（节选）（续）

同样，在教案的末尾，类似上文 5E 教学模式的教案，AI 助手在改编后的 OBE 理念下的教案中也给出了设计亮点和相关教学工具，如图 4-30 所示。

```
OBE设计亮点
1. 成果导向：
    ◦ 所有活动与评估均直接指向3个学习成果，避免内容偏离。
2. 评估嵌入教学：
    ◦ 案例分析、模拟策略、展示质疑均作为形成性评估，实时检测成果达成度。
3. 分层支持：
    ◦ 通过案例（基础）、模拟（应用）、策略设计（创新）逐步提升难度，适配不同学生能力。
4. 真实问题驱动：
    ◦ 从口罩短缺、家电库存积压等现实问题切入，强化知识实用性。

教学工具
• 供应链模拟表格（记录订单传递数据）
• 案例文档（含数据与背景）
• 实时投票工具（如Mentimeter快速收集策略反馈）
```

通过OBE设计，学生不仅能理解牛鞭效应的理论，更能在模拟和案例中**应用知识解决真实供应链问题**，实现"学以致用"的目标。

给 DeepSeek 发送消息

图 4-30　DeepSeek 按 OBE 理念重新生成的教案设计亮点和相关教学工具

4.4　使用 DeepSeek 辅助完成学情分析

4.4.1　智能问卷设计

高校授课模式与中小学的主要区别之一是，教师（班主任除外）通常不会随学生同步升入下一年级；同时，由于选课模式的存在，教师也很难在新的授课班级中迅速熟悉每一位同学之前的学习情况。为了能第一时间掌握班级学生的先修课程基础，以便调整授课计划和教学内容，可以采用快速随堂问卷的方式。

本小节使用国内某高校计算机科学与技术专业教学大纲中要求的专业课"机器学习概论"为例，该课程具有先修多门课程的要求，这里选取其中的"计算概论"进行快速智能问卷设计，以便授课教师可以快速了解班级学生的先修课程学习情况。

在 DeepSeek 中新建对话，并上传相关课程《机器学习概论》课程手册和《计算概论》课程手册的介绍。文档相关内容节选如图 4-31 所示。

课程中文名称	机器学习概论
课程英文名称	Introduction to Machine Learning
开课单位	信息科学技术学院
授课语言	中文
先修课程	高等数学(数学分析)、线性代数(高等代数)、概率统计、计算概论
课程中文简介	"机器学习概论"是一门讲授机器学习基本概念、基础理论和方法、主要模型和算法的课程。本课程的一个特点是理论方法讲解和工程实践并重，另外一个特点是该课程涉及多学科交叉。因此，本课程按照从实际问题出发，运用各类数学理论在问题建模、采样不同的算法进行问题求解的思路，对机器学习中的典型任务进行讲解，在教学过程中激发学生的好奇心和兴趣，培养学生解决实际问题和综合创新的能力。

课程中文名称	计算概论 A
课程英文名称	Introduction to Computing
开课单位	信息科学技术学院
授课语言	中文
先修课程	无
课程中文简介	本课程是面向全校信息科学技术相关专业一年级新生，其培养目标是构建具有扎实的计算机基础教育的特色课程。教学对象为信息科学技术专业一年级新生，其培养目标是构建具有扎实的基础知识、专业技能，具有一定科研能力的研究型人才。本课程的内容主要分为两个部分：信息技术基础知识部分（约占学时量的15%）、程序设计基础部分（约占学时量的85%）。本课程于 2020 年被认定为教育部首批"国家级一流线下本科课程"，其对应的慕课版本，也同时被认定为教育部首批"国家级一流线上本科课程"。

a）机器学习概论的课程内容（节选）　　　b）计算概论的课程内容（节选）

图 4-31　需要进行学情分析的课程内容

课程内容上传完成后，使用如图 4-32 所示的提示词生成学情分析的随堂问卷。由于目的是快速进行学情分析，同时也为了避免造成授课教师额外的工作量，因此在问卷中尽量使用客观题的方式，并选取可以直接导入在线问卷平台的格式。

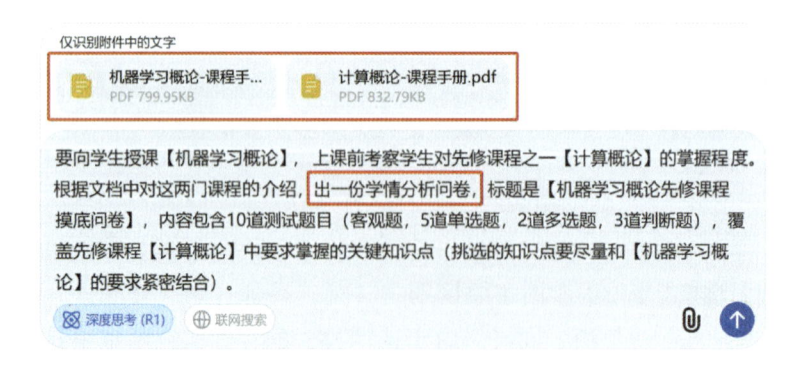

图 4-32　用 DeepSeek 智能设计学情分析问卷

AI 助手生成的智能问卷会根据待授课程《机器学习概论》与其先修课程《计算概论》之间的知识点联系，以及两门课程要求掌握的基础知识，设计一套测试问卷，其内容节选如图 4-33 所示。

但是如果直接使用 AI 助手生成的学情分析问卷，会产生许多额外的工作量，包括学生的问卷填写、教师的评分反馈等。因此建议在 AI 助手中额外上传一个在线问卷平台的样例,让 AI 助手重新调整格式,以方便直接以微信小程序或 PC 端网页的形式分发问卷,并让在线问卷平台自动判卷。本节使用国内某知名平台的在线问卷模板作为示例,内容如图 4-34 所示(无须关心内容,仅作为格式参考)。

机器学习概论先修课程摸底问卷

说明:本问卷旨在评估学生对先修课程《计算概论》关键知识点的掌握情况,共10题(5道单选、2道多选、3道判断),覆盖编程基础、数据结构及算法逻辑等与机器学习紧密相关的内容。

一、单选题

1. 在C语言中,以下哪个关键字用于定义函数返回值为空类型?
   A. int
   B. float
   C. void
   D. double

2. 以下哪种数据结构适合实现"先进先出"(FIFO)的操作?
   A. 栈
   B. 队列
   C. 链表
   D. 二叉树

3. 若要对一个整数数组进行升序排序,以下哪种算法的时间复杂度为O(n²)?

给 DeepSeek 发送消息

图 4-33　根据待授课程和先修课程生成的学情分析问卷(节选)

此处填写问卷名称

1、我国的火警报警电话是(C)?[单选题]
A、110
B、120
C、119
D、911
解析:我国的火警报警电话是119。

2、四大文明古国中的,四大文明是下列选项中的哪四个(ABCE)?[多选题]
A、埃及文明
B、印度文明
C、中国文明
D、希腊文明
E、美索不达米亚文明
解析:传统认为,四大文明分别是中国、埃及、印度和两河流域的美索不达米亚。

3、《出师表》中,"先帝创业未半,而中道崩殂"中的"先帝"是指刘备。(对)

图 4-34　上传的问卷模板

在上文开启的 DeepSeek 对话中，上传该模板并继续使用如图 4-35 所示提示词。AI 助手将阅读试题模板，并重新格式化所有的题目，效果如图 4-36 所示。

图 4-35　让 DeepSeek 根据模板格式化问卷

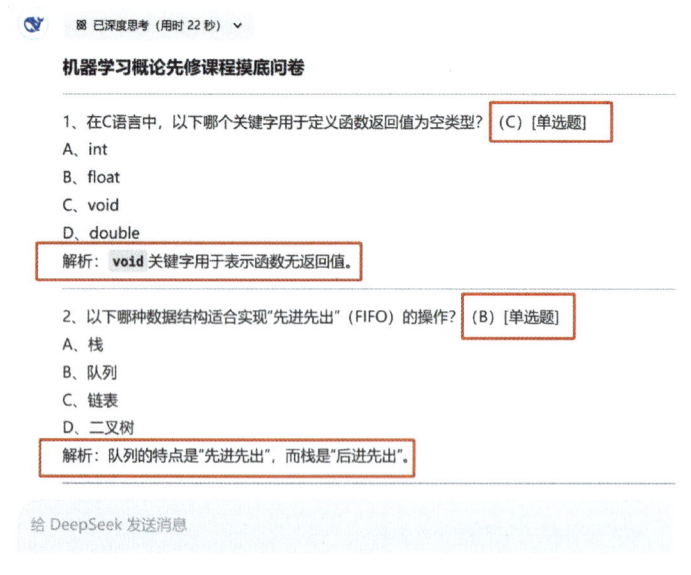

图 4-36　重新格式化后的问卷（节选）

将格式化后的题目保存为 Word 格式，上传到在线的问卷平台，可以自动生成如图 4-37 所示的问卷，题目类型、正确答案、答案解析将自动识别，检查无误后可以自主调整每题分数，再进行问卷的保存和发布。

使用生成的二维码分发给学生后，可在课堂中限时测试，并自动判卷生成结果，如图 4-38 所示。

第 4 章　AI 辅助课程设计　　77

机器学习概论先修课程摸底问卷

本问卷仅为学情分析使用，不计入期末成绩。

考试封面设置 | 效果示例

[第1页/共1页]

* 1、在C语言中，以下哪个关键字用于定义函数返回值为空类型？（）〔10分〕

　○ A、int

　○ B、float

　● C、void （正确答案）

　○ D、double

答案解析：void关键字用于表示函数无返回值。

此题后插入新题　　　　　　　编辑　复制　删除　↑上移　↓下移　↑最前　↓最后

图 4-37　自动识别的学情分析问卷题目（节选）

图 4-38　发布学情分析问卷并完成答题判卷过程

4.4.2 学情分析自动生成

学生完成相关课程的学情分析问卷后,教师可以从在线平台直接获取学生的答题情况,此类平台通常提供 Word 或 Excel 格式的问卷回答结果,如图 4-39 所示。

学生序号	用户ID	提交答卷时间	所用时间(秒)	来源	总分	1、在C语言中,以下哪个关键字用于定义函数返回值为空类型?( )	2、以下哪种数据结构适合实现"先进先出"(FIFO)的操作?( )	3、若要对一个整数数组进行升序排序,以下哪种算法的时间复杂度为O(n²)?( )
1	学⁎	3/15	125	微信	70	0	10	0
2	学⁎	3/15	190	微信	90	10	0	10
3	学⁎	3/15	167	微信	70	10	10	10
4	学⁎	3/15	115	微信	80	0	10	10
5	学⁎	3/15	118	微信	80	0	10	10
6	学⁎	3/15	242	微信	90	10	10	0
7	学⁎	3/15	107	微信	70	10	10	10
8	学⁎	3/15	264	微信	80	10	10	10
9	学⁎	3/15	183	微信	60	10	0	0
10	学⁎	3/15	219	微信	90	10	10	10
11	学⁎	3/15	191	微信	70	10	10	10
12	学⁎	3/15	108	微信	50	0	10	0
13	学⁎	3/15	164	微信	70	0	10	10
14	学⁎	3/15	219	微信	60	0	10	0
15	学⁎	3/15	150	微信	80	10	10	10
16	学⁎	3/15	270	微信	90	10	10	10
17	学⁎	3/15	197	微信	80	10	10	0
18	学⁎	3/15	135	微信	80	10	10	10
19	学⁎	3/15	195	微信	70	10	10	0
20	学⁎	3/15	205	微信	80	10	10	10

图 4-39 学情分析问卷回答情况汇总

使用 AI 助手对学生的回答情况进行学情分析,此处应注意将学生姓名等敏感信息进行脱敏处理。在 DeepSeek 中打开新的对话,上传问卷汇总表并使用如下提示词,生成的结果如图 4-40 所示。

1. 总分的分布

分数段	人数
90-100	5
80-89	6
70-79	6
60-69	2
≤59	1

2. 知识点掌握情况

掌握较好的知识点(正确率 ≥75%)	掌握较差的知识点(正确率 <75%)
题5 (85%)、题8 (85%)	题7 (60%)、题9 (65%)
题3 (80%)、题6 (80%)	题4 (70%)
题1 (75%)、题2 (75%)、题10 (75%)	

图 4-40 让 DeepSeek 对学生学情进行智能分析

表格为《机器学习概论》与其先修课程《计算概论》的学情分析问卷答题情况。其中第一行为表头。总分一列是学生总成绩（满分为100分），总分后的列是10道问卷题目，学生每一道题答对为10分，答错为0分。请从以下维度对学生进行学情分析：总分的分布、掌握较好的知识点、掌握较差的知识点，用表格形式列出。同时请再分析总分前20%与后20%的学生的知识结构差异，用对比图表描述。

从统计结果中可以看到，AI助手以75%的正确率为分类线，划分了学生知识掌握情况，同时针对答题得分前20%和后20%的学生，AI助手也给出了对比分析（如图4-41所示）。作为结论，表明"递归函数和动态内存分配掌握最好""栈操作掌握最弱""后20%学生在基础概念（如FIFO数据结构）和应用题上存在明显短板"，教师可以根据学情分析的情况，来修改该门课程的授课计划和教案。

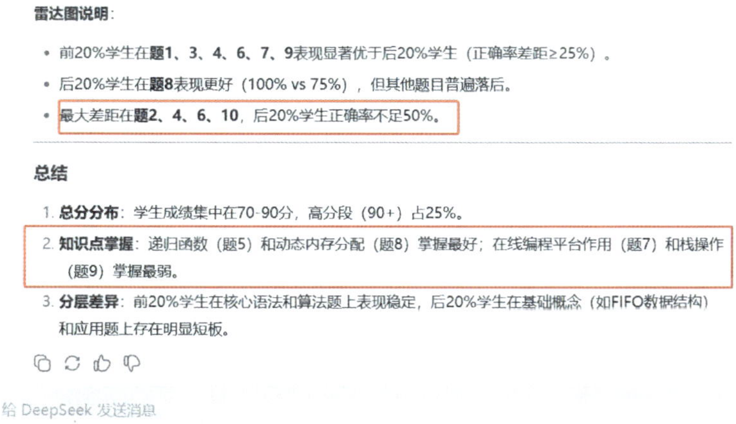

雷达图说明：
- 前20%学生在题1、3、4、6、7、9表现显著优于后20%学生（正确率差距≥25%）。
- 后20%学生在题8表现更好（100% vs 75%），但其他题目普遍落后。
- 最大差距在题2、4、6、10，后20%学生正确率不足50%。

总结
1. **总分分布**：学生成绩集中在70-90分，高分段（90+）占25%。
2. **知识点掌握**：递归函数（题5）和动态内存分配（题8）掌握最好；在线编程平台作用（题7）和栈操作（题9）掌握最弱。
3. **分层差异**：前20%学生在核心语法和算法题上表现稳定，后20%学生在基础概念（如FIFO数据结构）和应用题上存在明显短板。

给DeepSeek发送消息

图4-41　DeepSeek给出的学情分析总结

如果希望进一步获取教学建议，可以使用如下提示词（如打开了新的对话窗口，请重新上传课程内容相关文档），AI助手给出的教学策略建议如图4-42所示。

请根据刚才的学情分析，以及机器学习概论的课程内容，为该班级学生提供合理的教学策略建议。

教学策略建议

1. 基础巩固与分层教学

策略	实施方式	针对群体
数据结构与算法强化	在课程初期安排2学时复习关键数据结构（栈、队列）和基础算法（排序、递归），结合代码示例和课堂小练习。	全体学生，重点后20%
分层任务设计	前20%学生：挑战复杂算法实现（如优化PCA、实现集成学习）；后20%学生：完成基础代码填空和流程图分析任务。	分层次针对性训练
概率统计预修模块	在"概率机器学习"章节前，提供1学时的概率基础速成课（贝叶斯公式、条件独立性），并配套习题包。	全体学生，重点后20%

a) 基础巩固与分层教学

2. 实践驱动与工具赋能

策略	实施方式	目标
在线编程平台实战	每章节设置"代码擂台"任务（如用Python实现k-means），强制使用在线平台提交，并实时反馈代码正确性与效率。	弥补题7短板，提升应用能力
项目分阶段指导	将课程项目拆解为"数据预处理→模型选择→调参优化"三阶段，每阶段提供模板代码和常见错误案例解析。	降低项目门槛，增强实践信心
可视化工具辅助	引入TensorFlow Playground、PCA可视化工具等，直观展示神经网络训练和降维过程。	帮助理解抽象概念（如深度学习）

b) 实践驱动与工具赋能

3. 互动反馈与资源支持

策略	实施方式	受益点
即时课堂问答	在讲解核心模型（如SVM、CNN）时，穿插选择题投票（如"核函数的作用是？"），实时统计回答并针对性讲解。	强化重点，暴露理解盲区
错题集与补漏包	根据摸底问卷结果，为后20%学生定制"薄弱知识点补漏包"（含递归、栈操作等专题习题+视频讲解）。	精准提升基础知识
学习伙伴计划	将前20%与后20%学生组队，共同完成课内小项目（如决策树分类），促进经验分享与协作学习。	缩小分层差距，增强凝聚力

c) 互动反馈与资源支持

图 4-42 DeepSeek 针对本门课程的学情提供建议

4. 课程内容优化适配

章节	调整建议	关联学情
监督学习（6-8学时）	增加"决策树与递归逻辑"联系讲解，用ID3算法递归划分案例呼应摸底中递归函数薄弱点。	链接题5（递归）
神经网络（8-10学时）	前置"梯度下降与动态内存分配"类比教学（如反向传播中的内存管理），呼应题8（动态内存）的掌握优势。	利用已有优势深化理解
概率方法（10-12学时）	避免纯数学推导，改用"贝叶斯垃圾邮件分类"等实例驱动教学，降低概率基础薄弱学生的认知负荷。	缓解后20%概率焦虑

d）课程内容优化适配

图 4-42　DeepSeek 针对本门课程的学情提供建议（续）

AI 助手将根据问卷题目的回答情况，以及该门课程的具体要求，提供针对该班级学生差异化的教学建议，覆盖"基础巩固与分层教学""实践驱动与工具赋能""互动反馈与资源支持""课程内容优化适配"各方面的内容，教师可以酌情采纳其中的建议。

4.5　使用 DeepSeek 辅助设计课程配套作业

4.5.1　分层作业智能生成

教学过程中，为了及时分析学生学习情况以便调整授课计划及教案，通常需要设计一定量的课程配套作业。作业的整体设计通常会根据知识点的难度进行分层，以保证既覆盖较为完整的知识点，同时又可以有递进的难度关系，体现对学生学习情况的区分度。本节使用 AI 助手来辅助教师完成配套作业的设计过程。

以国内某高校管理学院课程《营销学》为例，在 DeepSeek 中上传该门课程的介绍（使用前文制定的教学大纲或授课计划也可以），并输入提示词生成作业题目，如图 4-43 所示。

生成的配套作业题目内容如图 4-44 所示，AI 助手可以正确理解并总结课程的名称、适用对象、覆盖知识点、难度分层等信息。

营销学课程作业设计与难度分层

> 营销学-课程手册.pdf
> PDF 901.76KB

现在要向管理学院本科二年级的学生教授【营销学】，请根据文档中对该课程的介绍，设计一份配套的课程作业。作业覆盖的知识点要包括【第三部分 设计与传递顾客价值】中的关键内容，同时也要符合【教学基本目的】。作业的设计难度上要区分为【基础】【提高】【挑战】三个难度层级。内容包含5道作业题目，全部为主观题。每道题目后请附上答案示例、答案解析、常见错误。

图 4-43　上传《营销学》课程内容并输入作业生成提示词

营销学课程作业设计与难度分层

已深度思考（用时 22 秒）

课程作业设计

课程名称：营销学
适用对象：管理学院本科二年级学生
覆盖知识点：第三部分 设计与传递顾客价值（市场细分与目标市场选择、市场定位、产品与服务策略、品牌策略、定价策略）
难度分层：基础、提高、挑战

题目1（基础）
题目：请解释市场细分的定义，并说明其在营销策略中的重要性。
答案示例：
市场细分是指根据消费者的需求、行为、特征等差异，将整体市场划分为若干具有相似需求的子市场的过程。其重要性体现在：
1. 帮助企业精准识别目标客户，减少资源浪费；
2. 支持定制化产品或服务设计，提升顾客满意度；
3. 增强竞争策略的针对性，提高市场占有率。

图 4-44　DeepSeek 生成的《营销学》课程配套作业（节选）

同时依据提示词中的要求，AI 助手也会在每道题目后，给出答案的解析和学生常见的错误，教师可以在教学过程中关注此类问题，如图 4-45 所示。

```
题目2 (提高)
题目：某奶茶品牌计划进入一线城市，请基于STP理论分析其目标市场选择策略，需说明细分依据及选择理由。
答案示例：
1. 细分依据：按消费场景（如学生、上班族）、消费能力（高端/平价）、口味偏好（果茶、奶茶）划分；
2. 目标市场选择：聚焦"20-35岁上班族"，因其消费能力较强且对健康饮品需求高；
3. 理由：该群体注重品牌调性、便捷性，适合通过社交媒体营销触达。

答案解析：
需运用STP（细分、目标、定位）框架，结合案例情境分析细分维度和选择逻辑，体现对"目标市场选择"知识点的应用能力。

常见错误：
• 未明确细分维度或选择标准模糊；
• 忽略市场容量或竞争环境分析。

给 DeepSeek 发送消息
```

图 4-45　DeepSeek 生成的答案解析和常见错误（节选）

4.5.2　作业批改标准制定

对于 AI 助手辅助设计的课程配套作业，主观题部分通常也需要给出可量化的评分标准，以便公平地进行作业批改和成绩评定。同样以上一小节中的《营销学》课程为例，在同一个 AI 助手对话窗口中继续使用如下提示词，生成课程作业的评定标准。

> 对于刚才的《营销学》课程作业，请生成一份作业评定标准。要求对标课程目标，同时区分能力层级。核心评分维度设计要包括内容准确性、逻辑架构合理性、分析深度、创新价值、表达专业性等方面。最后生成可以导出打印的评分表模板。

AI 助手将根据提示词中的要求，对上一小节生成的课程配套作业，制定详细的评分维度，如图 4-46 所示。

对于实际操作中的评分方法，AI 助手也进行了总分计算和等级划分的说明，如图 4-47 所示。

评分维度与标准说明

评分维度	评分标准	分数范围
内容准确性	- 答案是否符合理论定义或教材内容 - 案例或数据引用是否准确	0-3分
逻辑架构合理性	- 是否清晰分点或分步骤陈述 - 各部分逻辑是否连贯，是否存在矛盾或跳跃	0-2分
分析深度	- 是否结合多角度分析（如市场环境、顾客需求、竞争态势） - 是否体现对复杂问题的系统性思考	0-2分
创新价值	- 是否提出新颖观点或差异化策略 - 是否结合数字化趋势或前沿理论	0-2分
表达专业性	- 术语使用是否规范 - 语言是否简洁、无口语化表达	0-1分

图 4-46　DeepSeek 制定的《营销学》作业评分维度

评分说明

1. **总分计算：**
   - 每道题目满分10分（内容准确性2分 + 逻辑架构2分 + 分析深度2分 + 创新价值2分 + 表达专业性2分）；
   - 作业满分：50分（5道题目 × 10分）。

2. **等级划分：**
   - 优秀（40-50分）：所有题目均达到8分以上，内容全面准确，逻辑严密，分析深入，创新性强，表达专业；
   - 良好（30-39分）：多数题目达到6-7分，内容基本准确，逻辑清晰，但部分题目分析深度或创新性不足；
   - 合格（20-29分）：多数题目达到4-5分，基础知识点掌握，但存在明显逻辑漏洞或表述问题；
   - 不合格（0-19分）：多数题目低于4分，内容错误率高，逻辑混乱，未达课程目标。

给 DeepSeek 发送消息

图 4-47　DeepSeek 对作业评分进行说明

　　如果教师认可该评分标准，可以将 AI 助手输出的评分表复制为 Markdown 格式，在其他编辑器中打开后即可预览完整表格内容并进行打印，如图 4-48 所示。

图 4-48　DeepSeek 自动生成的《营销学》作业评分表

4.6　使用 DeepSeek 辅助设计课程思政内容

4.6.1　思政元素智能匹配

使用 AI 助手进行课程思政内容的辅助设计时，最先要把握的是国家和教育部的指导意见。因此作为示例，本小节优先将《教育部关于深化本科教育教学改革全面提高人才培养质量的意见》内容脱敏后作为文档上传至 AI 助手的新对话中，并使用如图 4-49 所示提示词着重让 AI 助手理解其中关于课程思政的内容。

图 4-49　上传文档并让 DeepSeek 掌握课程思政的要求

这里 AI 助手给出的回答并不重要，仅仅是作为辅助设计课程思政的前置步骤，以保证生成内容的准确性。

本节以国内某高校信息科学与工程学院的《工程导论》课程为例，上传该门课程的教学大纲后，使用如图 4-50 所示提示词（此处注意不要新开对话），在原有对话基础上继续问答。

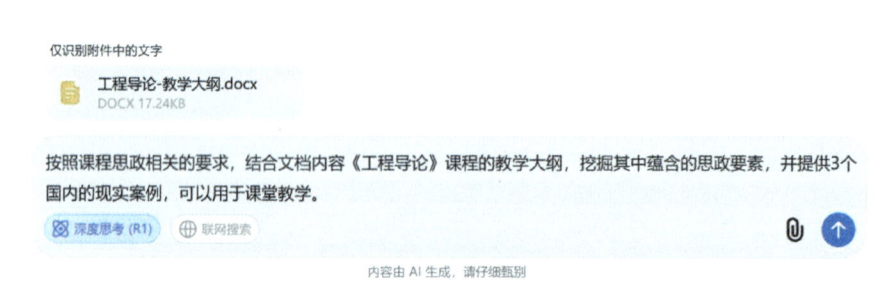

图 4-50　上传《工程导论》教学大纲并进行课程思政设计

AI 助手将结合教育部对课程思政的相关要求，从《工程导论》课程的教学大纲中智能匹配思政元素，例如"社会责任与安全意识""创新驱动与绿色发展""职业道德与团队协作"等方面，给出具体的思政要素结合点，如图 4-51 所示。

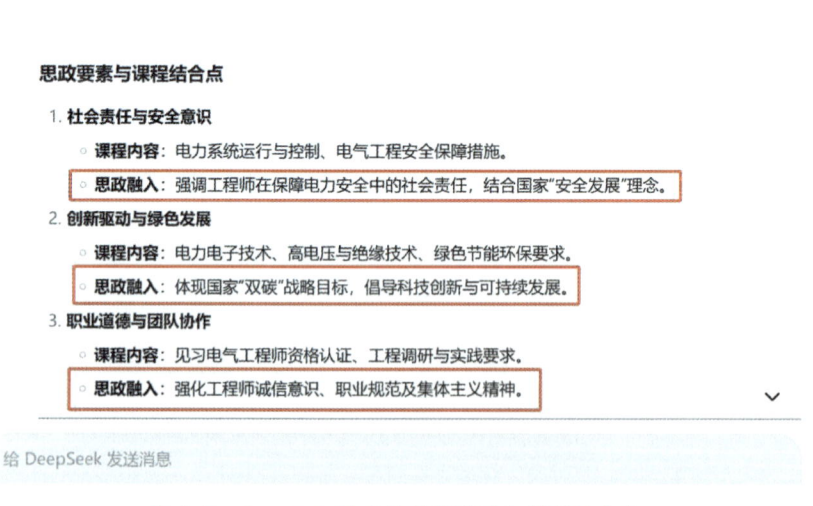

图 4-51　DeepSeek 给出的思政要素与课程结合点

除了自动匹配的思政内容与课程的结合点，AI 助手也会给出教学示例，将"中国高铁的绿色发展与技术突破""国家电网抗冰保电中的集体主义精神"等真实事件结合到课程思政教学中，如图 4-52 所示，引导学生从技术学习中感悟家国情怀、社会责任与创新精神，实现知识传授与价值引领的统一。

辅助设计课程思政内容

案例2：中国高铁的绿色发展与技术突破

- **背景**：中国高铁采用电力电子变流技术（如CR400AF"复兴号"的牵引系统），实现节能30%以上，成为全球高铁里程最长的国家。
- **思政结合**：
  ○ **绿色发展**：高铁技术推动低碳交通，响应"双碳"目标。
  ○ **民族自信**：高铁从引进到自主创新，体现"中国智造"的崛起。
- **课堂应用**：在电力电子技术章节，结合高铁案例讨论技术如何支撑国家绿色转型，激发学生科技报国情怀。

案例3：国家电网抗冰保电中的集体主义精神

- **背景**：2008年南方冰雪灾害期间，国家电网员工顶风冒雪抢修电网，保障数千万用户供电。
- **思政结合**：
  ○ **团队协作与社会责任**：一线工程师不畏艰险，体现"人民电业为人民"的宗旨。
  ○ **职业道德**：案例中涌现的先进人物事迹（如牺牲的电力工人）诠释了工程师的奉献精神。
- **课堂应用**：在高电压与绝缘技术教学中，引入抗冰保电案例，强调技术应用需以服务社会为根本，培养学生的职业使命感。

给 DeepSeek 发送消息

图 4-52　DeepSeek 将真实事例结合到课程思政教学中

4.6.2　价值观引导及互动讨论的自动生成

在教学过程中如果需要融入课程思政的引导、互动和讨论环节，也可以让 AI 助手给出合适的教学建议，如上一小节中的《工程导论》课程，可以使用类似下面的提示词（建议在相同对话中继续问答）：

> 结合上述课程思政的设计，增加 3 组课堂讨论问题，引导学生思考技术发展对社会的影响。设计时要考虑带递进逻辑的提问链，同时问题要相对开放，给出不同角度的讨论建议。

AI 助手会依据前文生成的案例，分别设计如"技术基础""社会影响""伦理责任"等问题链条，引导学生讨论"'西电东送'战略对缩小区域差距、助力脱贫攻坚的作用""如何平衡技术效率与社会风险"，每组问题从技术特性到社会影响再到伦理责任，层层深入，符合认知规律，同时也可以通过案例将"家国情怀""创新自信""集体主义"等价值观自然嵌入专业讨论，具体内容的节选如图 4-53 所示。

图 4-53　DeepSeek 辅助生成的课程思政讨论话题（节选）

4.7　使用 DeepSeek 辅助增加教学案例和互动环节

4.7.1　行业案例智能更新

在日常教学过程中，案例更新也是备课过程中较为费时费力的一项工作，毕竟各个行业蓬勃发展时总会有新的事件、新的公司、新的行业案例出现，能够及时将这些信息加入到课程内容中，会大幅提升课程的时效性、增强对学生的吸引力、加强课堂的教学效果。

第 4 章 AI 辅助课程设计 89

本小节使用的示例，与本章其他例子有一个非常大的不同，就是需要在 AI 助手的使用过程中打开"联网搜索"的功能。以 DeepSeek 为例，可以在对话框的下方找到这一功能（其他 AI 助手也在类似的位置），如图 4-54 所示。

图 4-54 打开 DeepSeek 的"联网搜索"功能

与前述不同的是，打开联网搜索功能的 AI 助手并不会直接进入"深度思考"模式，而是会先进行一轮互联网检索。可以从图 4-55 中看到，DeepSeek 检索并筛选了 49 个内容相关的网页，不仅包括"腾讯网""今日头条"等互联网门户，也包括可公开的政府政策解读，并在接下来的"深度思考"过程中，结合这些网页中的内容进行了商业航天行业最近一段时间的变革及案例汇总。

图 4-55 在"深度思考"前 DeepSeek 先进行了"联网搜索"

特别需要注意的是，使用者需要仔细甄别联网搜索到的信息的真实性和时效性，尽量引用正规新闻媒体报道以及来自政务官网的内容。比如在本例中（如图 4-56 所示），选取从人民网摘录总结的案例"京津冀、长三角、珠三角形成全产业链集群""海南文昌卫星超级工厂：卫星制造革命"更新到教案及课件中，可以同时保证课程内容的实时性和准确度。

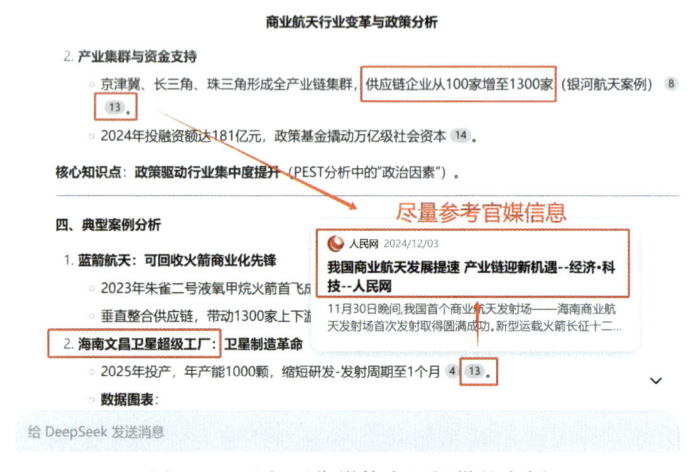

图 4-56　选择可靠媒体官网提供的案例

作为案例与知识点的结合，AI 助手也会以表格的形式（需要明确在提示词中提出要求）加以整理，例如在"技术路线对比"中结合课程的核心知识点"差异化竞争策略（波特五力模型中的'现有竞争者'）"，可以方便教师将新增的行业案例更新至教案中对应的章节，如图 4-57 所示。

图 4-57　将新的案例结合到课程知识点中

4.7.2 师生互动快速设计

为了丰富课堂的教学效果,快速的"情景模拟"经常用于各类经济管理类课程中,其目的主要是让学生能身临其境在模拟的实践场景下将课程知识点融会贯通。AI 助手在设计此类模拟游戏方面可以起到创意性启发的作用,有效提升课堂互动的趣味性。

本小节选取市场营销课程中的教学目标"理解市场供需关系、企业战略制定与消费者行为分析"并使用如下提示词(本示例无须联网搜索),期望 AI 助手可以设计一个课堂互动游戏的脚本。

> 在经济管理学院的本科教学过程中,为《市场营销》课程设计 1 个包含角色卡(企业 CEO/消费者/竞品分析师)的 30 分钟模拟游戏,展示完整的具备任务清单和评分机制的课堂教学脚本。市场营销课程中的教学目标为【理解市场供需关系、企业战略制定与消费者行为分析】。

AI 助手生成的课堂互动游戏规则和模拟进程。如图 4-58 所示。

游戏规则
1. 每组代表一家虚拟企业(如手机行业)
2. 3轮市场周期(每轮5分钟)
3. 初始条件:
   - 每组资金: 100万虚拟币
   - 消费者预算: 每人每轮5000虚拟币
   - 基础生产成本: 2000元/单位

模拟进程
1. **第1轮**(基础市场)
   CEO提交策略 → 消费者匿名选购 → 分析师收集数据
2. **第2轮**(技术革新)
   开放"5G芯片"升级选项(需技术投入)
3. **第3轮**(黑天鹅事件)
   突发政策: 环保税增加10%成本

图 4-58 DeepSeek 生成的游戏规则和模拟进程

在 AI 助手生成规则和进程的同时,也会根据《市场营销》课程的内容,加入诸如"5G 芯片升级""环保税增加"等战略分支选项和"黑天鹅"事件,并为每一轮的决策设计任务清单和工具表,如图 4-59 所示。

在互动环节的最后,AI 助手根据《市场营销》的课程内容以及互动设计的脚本流程,制定了评分机制与教学总结重点,如图 4-60 所示。

在本小节的示例中,通过合理的提示词,可以让 AI 助手高效辅助生成课堂互动游戏规则、模拟进程、工具表、评分机制,以达到提升课堂教学效果的目的。

Preview 市场竞争策略模拟-每轮问卷.md ×

第二阶段：模拟流程（15分钟）

任务清单与工具表

CEO任务表（每轮必填）

```
1. 定价策略：______元（范围2500-8000）
2. 营销投入：______%（占资金比例）
3. 技术升级：□是 □否（需消耗50万资金）
```

消费者问卷（勾选制）

```
选择产品原因：
□ 价格合理  □ 品牌知名度  □ 功能创新  □ 广告吸引力
拒绝产品原因：
□ 价格过高  □ 缺乏特色  □ 负面评价  □ 广告误导
```

分析师报告模板

```
竞品威胁等级：★☆☆☆（1-5星）
建议反制措施：
□ 降价促销  □ 功能升级  □ 精准广告  □ 其他______
```

图 4-59 DeepSeek 为课堂互动游戏设计的任务清单和工具表

第三阶段：评分与总结（10分钟）

评分机制

维度	CEO（40%）	消费者（30%）	分析师（30%）
个人表现	策略创新性	反馈深度	数据准确性
团队贡献	利润增长率	需求匹配度	建议采纳率
额外加分	危机处理能力+5分	发现虚假宣传+3分	趋势预测命中+5分

教学总结重点

1. 波特五力模型在竞争分析中的应用
2. 价格弹性与消费者心理的关系
3. SWOT分析法的实战演练

给 DeepSeek 发送消息

图 4-60 DeepSeek 辅助设定评分机制与教学总结重点

第 5 章
AI 辅助教学素材创作

在现代教育领域，多媒体教学素材的重要性日益显著。高质量的图片、视频、音频等教学素材不仅能丰富课堂内容，还能有效激发学生的学习兴趣，提升教学效果。借助 AI 辅助工具，教师可以快速生成符合教学需求的各类多媒体素材，大幅降低创作门槛和时间成本。这种技术革新不仅释放了教师的创造力，更为教学方法的创新开辟了广阔的空间。

本章要点：
- AI 技术在教学素材创作中的创新应用
- 各类 AI 工具的使用技巧
- 应用 AI 辅助生成图片、视频

5.1 AI 辅助教学图片设计

借助 AI 技术，教师能够高效地创建符合教学需求的视觉素材，从而提升课堂教学内容的表现力，增强学生的参与积极性。本节将深入探讨如何利用 AI 技术生成图片以辅助教学活动，涵盖内容包括图片创作策略、应用情境分析，以及关键词构建技巧等。

5.1.1　AI 生成图片万能提示词公式

1. AI 生成图片

AI 生成图片技术是 AI 艺术创作领域的核心技术之一，主要涵盖基于文本的图片生成和基于图片的图片生成两大类别。该技术在艺术创作、设计、社交媒体等多个领域得到了广泛应用，例如用于创作插画、电影海报、产品展示图以及人物照片等。

文案生成图片技术能够依据文字描述生成相应的图片，例如将"清明时节雨纷纷"的意境转化为水墨风格的节气插画。如图 5-1 所示，展示了 AI 生成的二十四节气部分主题图片，教师可直接将其应用于相关课程的教学场景中。

图 5-1　AI 生成的二十四节气部分图片

2. 图片生成图片

基于参考图片和特定风格需求（如"传统剪纸艺术"），AI 工具将深入分析图片特征，精准匹配相应的风格元素，并对图片进行细致调整，使其完美融入新风格，从而实现风格转换与个性化创作的双重可能。如图 5-2 所示，展示的是 AI 生成的十二生肖部分剪纸风格作品，这些图像不仅传承了非遗剪纸的精髓特征，还充分展现了数字化创作的技术优势，为传统文化教学提供了丰富多彩的视觉素材。

图 5-2　AI 通过图片生成的十二生肖部分剪纸图片

3. AI 生图万能提示词公式

（1）基础版公式（快速上手）

结构：[主体] + [环境/背景] + [风格]

- 适用场景：快速构建概念图、灵感草图，或在细节要求不高的情境中。
- 公式解析：以戴望舒《雨巷》配图为例。
- 主体：核心对象（如人物、物品、动物等），需明确其类别及关键特征，例如"身着民国旗袍的少女"。
- 环境/背景：背景或场景（如自然/人工环境、时间、天气等），例如"江南雨巷，黄昏细雨"。
- 风格：艺术风格或视觉类型（如写实、插画、影视风格等），例如"唯美水墨丹青风格"。

完整的示例提示词如下所示。

　　身着民国旗袍的少女，置身于江南雨巷，沐浴在黄昏细雨之中，呈现唯美水墨丹青风格。

生成的图片如图 5-3 所示。

图 5-3 基础版公式生成图片

（2）进阶版公式（高精度控制）

结构：[主体] + [细节] + [环境] + [情感/氛围] + [构图/视角] + [材质/纹理] + [风格] + [用途]

- 适用场景：高精度、细致入微的图片创作，或对图片细节、情感表达、构图布局等有较高要求的情境。
- 细节：对主体或环境进行精细化描述，以提升图片的精确性和丰富性，例如"手持绘有水墨莲花图案的油纸伞"。
- 情感/氛围：图片所传达的情绪或感官体验，如"营造出一种静谧而忧伤的氛围"。
- 构图/视角：图片的结构布局和观察角度，以优化视觉焦点，例如"采用低角度拍摄，背景呈现纵深模糊效果"。
- 材质/纹理：物体表面的质感特征，以增强图片的真实感，如"湿润的青石板路面质感"。
- 用途：明确图片的应用场景，例如"作为戴望舒《雨巷》课件首页的配图"。

完整的示例提示词如下所示。

　　身着民国时期旗袍的少女，手持绘有水墨莲花的油纸伞，置身于江南雨巷之中，在黄昏细雨的映衬下，营造出一种静谧而忧伤的氛围。背景是湿润的青石板路面，整体采用唯美水墨丹青风格，作为戴望舒《雨巷》课件首页的配图。

生成的图片如图 5-4 所示。

图 5-4　进阶版公式生成图片

(3) 参考提示词库

参考提示词库如表 5-1 所示。

表 5-1　参考提示词库

元　　素	示　　例
主体	猫、战士、飞船、玫瑰、机器人、鲸鱼、骑士、蝴蝶、城堡、幽灵、龙、少女、狼、天使、巫师、武士、凤凰、吸血鬼、精灵、机甲
细节	发光、破损、锋利、湿润、闪烁、缠绕、悬浮、倒影、燃烧、结晶、锈蚀、飘动、裂痕、透明、齿轮、绒毛、鳞片、符文、烟雾、光环
环境	雨夜、沙漠、深海、太空、森林、废墟、雪山、火山、都市、梦境、黄昏、沼泽、古墓、云端、极光、战场、花园、实验室、小巷、星空
情感/氛围	孤独、愤怒、宁静、恐惧、神秘、浪漫、热血、忧郁、狂野、希望、压抑、欢快、诡异、神圣、悲伤、冷酷、温馨、紧张、梦幻、震撼
构图/视角	俯视、仰视、特写、远景、对称、倾斜、剪影、框架、透视、鱼眼、微距、鸟瞰、低角度、高角度、动态、中心、三分法、黄金分割、散点、层次
材质/纹理	金属、玻璃、岩石、丝绸、皮革、火焰、冰晶、木材、陶瓷、毛发、液体、锈迹、藤蔓、鳞甲、布料、雾气、泥土、宝石、泡沫、熔岩
风格	写实、卡通、赛博、蒸汽、像素、水彩、油画、素描、抽象、科幻、奇幻、复古、极简、哥特、未来、手绘、涂鸦、霓虹、低多边、超现实
用途	插画、海报、封面、壁纸、角色、场景、图标、广告、概念、动画、游戏、电影、漫画、包装、服装、雕塑、纹身、周边、虚拟、展览

（4）应用建议
- 基础版本：适用于快速生成图片，满足常规教学需求。
- 进阶版本：适用于高精度、高度定制化的教学场景。
- 灵活组合策略：应根据实际需求灵活选择构成要素，无须拘泥于固定模式，可根据具体情境调整内容的增减。提示词的位置对内容权重具有决定性影响，务必将关键描述置于显眼位置。值得注意的是，AI 工具对文字表述、数量及数字的敏感度较低，因此应尽量避免使用这些易引起混淆的描述词汇，以降低错误发生的概率。此外，建议广泛浏览学习社区中的优秀作品，吸取并学习其提示词的运用技巧与风格。

4. AI 图片生成工具介绍

在 AI 生成图片的实践中，提示词的设计与工具的选择是两个关键环节。如表 5-2 所示，精选了国内几款优秀的 AI 图片生成工具，教师可根据自身需求和偏好选择合适的工具。

表 5-2 常用 AI 图片生成工具

工具名称	官网链接	生图特点	优点
通义万相	https://tongyi.aliyun.com/wanxiang/	多比例生图，消耗灵感值，单次生成 4 张	稳定性高，20+参数调节，多风格混合
即梦 AI	https://jimeng.jianying.com	多比例生图，消耗积分，单次生成 4 张	算法强，中文语义精准，智能画布重绘
可灵 AI	https://klingai.kuaishou.com/	多比例，消耗灵感值，单次生成 1~9 张	整合快手生态，情感色彩算法强，多语言提示词
商汤秒画	https://miaohua.sensetime.com/	多比例，消耗体验次数，单次生成 1~8 张	学术算法强，人体结构准确，4K 分辨率输出
智谱清言	https://chatglm.cn/	多比例，免费，单次生成 1 张	完全免费，长文本解析，抽象概念可视化
豆包	https://www.doubao.com/chat	多比例，免费，单次生成 4 张	算法强，多模态输入，无广告

5. AI 生成图片提示词练习表

AI 生成图片提示词练习表如表 5-3 所示。结合上述工具通过以下练习表中的提示词生成图片，了解并感受 AI 生成图片的特点。

表 5-3 AI 生成图片提示词练习表

类别	示 例	
主体	1. 一位穿着复古长裙的少女	2. 一只慵懒的橘猫
	3. 一朵盛开的向日葵	4. 一座古老的石桥
细节	1. 裙摆上的蕾丝花纹精致细腻	2. 猫的胡须微微颤动
	3. 向日葵的花瓣上沾满露珠	4. 石桥上的青苔斑驳
环境	1. 在 19 世纪的欧洲小镇	2. 在阳光明媚的午后庭院
	3. 在金色的麦田里	4. 在雨后的森林小径
情感/氛围	1. 浪漫而梦幻	2. 温暖而舒适
	3. 欢快而明亮	4. 神秘而幽深
构图/视角	1. 仰视主体	2. 黄金分割点
	3. 背景模糊	4. 前景虚化
材质/纹理	1. 粗糙的石头质感	2. 细腻的皮肤纹理
	3. 湿润的泥土质感	4. 透明的玻璃材质
风格	1. 超现实主义	2. 印象派
	3. 复古蒸汽朋克	4. 赛博朋克
用途	1. 书籍封面	2. 艺术展览
	3. 游戏场景设计	4. 社交媒体配图

选定工具后，需借助结构化提示词，以实现对输出效果的精准调控。接下来的一小节将详细阐述提示词的构建及图片的生成过程。

5.1.2 使用 DeepSeek+即梦 AI 生成教学配图

在课堂教学中，教学配图扮演着至关重要的角色，它帮助学生直观地理解和掌握抽象概念，从而显著提升学生的学习兴趣和效率。借助 AI 工具生成的高质量图片素材，教师能够轻松制作出符合教学需求的视觉素材，这些素材广泛应用于课件制作、互动游戏、增强现实（AR）模型等多种教学场景。

1. 案例：文生图

接下来，将以文学作品《小王子》等配图案例为切入点，展示如何利用 DeepSeek 和即梦 AI 配合使用进行文生图，生成教学配图。

(1) 使用 DeepSeek 生成提示词

在 DeepSeek 主界面，点击"开始对话"按钮进入对话界面，如图 5-5 所示；输入希望生成的图片描述，随后点击发送，如图 5-6 所示，DeepSeek 将根据输入要求生成相应的提示词。复制所生成的提示词，前往即梦 AI 平台进行创作。生成的提示词如下所示。

图 5-5　DeepSeek 主界面

图 5-6　DeepSeek 对话界面

"小王子单膝跪地，双手捧一朵红玫瑰，玫瑰花瓣上有露珠，小王子的披风随风飘动，外星球沙漠，星空璀璨，纯真与守护交织的温暖感，中心对称构图，玫瑰位于画面中央，水彩纸纹理，玫瑰花瓣的透明质感，童话插画风格，《外国文学经典》课件插图"。

（2）使用即梦 AI 生成图片

1）在即梦 AI 官方网站（https://jimeng.jianying.com），教师可凭借手机号码或抖音账号进行注册和登录。每日登录系统即可获得积分奖励。积分消耗规则具体如下：使用文案转换为图片功能需扣除 1 个积分；而图片转换为图片功能则需消耗 2 个积分。图 5-7 展示了即梦 AI 平台的主界面。

图 5-7　即梦 AI 平台的主界面

2）点击图 5-7 中"AI 作图"功能区的"图片生成"按钮，即可进入专为 AI 作图功能设计的"图片生成"界面。将 DeepSeek 生成的提示词复制到左上角的调整界面对话框内，然后根据实际需求，对"生图模型""清晰度""图片比例"等参数进行相应调整，具体操作界面如图 5-8 所示。可供选择的模型类型共分为四大类，需特别注意的是，随着即梦持续迭代与升级，生图模型也在不断优化，教师可根据自身实际需求进行选择。

图 5-8　文生图参数设置界面

3）点击"立即生成"按钮后，系统将自动生成四张图片，如图 5-9 所示。将鼠标悬停在需要下载的图片上，随即会显示"下载"按钮，点击该按钮即可完成下载。

4）若对生成图片的质量不满意，可点击"再次生成"选项，或选择"重新编辑"以调整提示词后再次尝试生成。若对某图片感觉满意并希望进一步优化，可单击该图片，并利用"超清""细节修复""局部重绘"，及"扩图"等高级功能进行精细化处理，亦可选择"去画布进行编辑"进一步调整，直至满意为止。如图 5-10 所示。

第 5 章 AI 辅助教学素材创作 103

图 5-9 即梦 AI 生成图片

图 5-10 即梦 AI 对图片的进一步调整界面

2. 案例：图生图

按下来以天坛为例，通过图生图功能生成图片。利用"参考图"功能，AI 能够基于真实人物或景物生成图片。具体操作步骤如下。

1）点击图 5-8 左上角的"导入参考图"按钮，上传如图 5-11 所示的参考图片；接着，选择"主体""人像写真""角色特征""风格""边缘轮廓""景深"，以及"人物姿势"等参考维度；最后，点击"保存"按钮，完成操作。

图 5-11 参考图功能界面

2）在文本框内输入提示词后，点击"立即生成"按钮，AI 将基于参考图中的形象自动生成照片，效果如图 5-12 所示。此外，也可尝试参考其他维度进行操作。

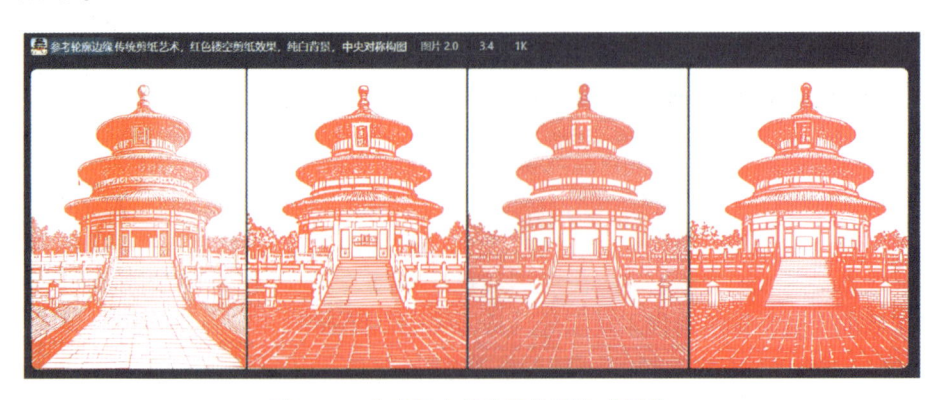

图 5-12 参考图中的边缘轮廓生成照片

3. 案例：应用即梦 AI 整合的 DeepSeek 功能生成图片

即梦 AI 已经整合了 DeepSeek 功能，在即梦 AI 界面中，可以直接利用 DeepSeek 生成提示词，然后生成图片。仍以案例 1《小王子》为例进行介绍。具体操作步骤如图 5-13 所示。

图 5-13　在即梦 AI 中直接使用 DeepSeek 功能的界面

点击文本框右下角的"DeepSeek-R1"按钮；在文本框内输入提示词公式，并交由 DeepSeek 生成相应的提示词；点击发送按钮即可完成操作。

生成的 4 条提示词如图 5-14 所示（可点击查看深度思考过程）。教师可选择满意的提示词，点击"立即生成"按钮以生成图片，或点击"修改"按钮，对提示词进行修改后再生成图片。

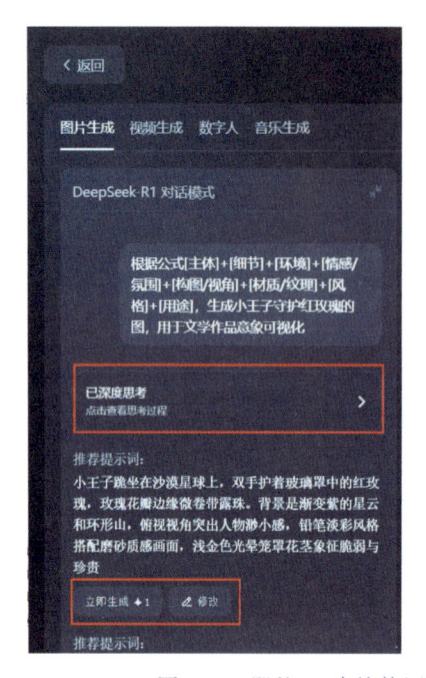

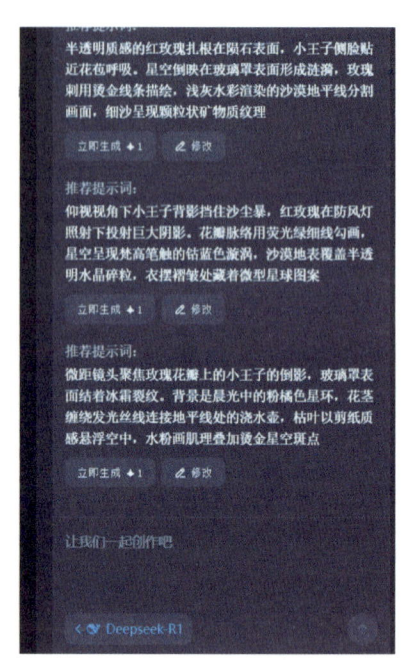

图 5-14　即梦 AI 直接使用 DeepSeek 功能生成提示词

4. 综合案例：生成课堂教学配图

接下来将通过三个典型案例，阐述在不同教学场景中如何利用 DeepSeek＋即梦 AI 生成高质量的图片。

（1）历史场景的再现

在历史教学过程中，学生常常面临理解错综复杂的历史事件及其人物关系的挑战。借助 AI 生成的历史场景图片，能够让学生感受更为直观的历史氛围，进而深化对事件背景和人物行为的认知。例如，通过 AI 技术复原"赤壁之战"这一经典历史场景，能够有效辅助学生理解三国时期的军事策略及人物间的互动关系。赤壁之战场景图提示词如图 5-15 所示，生成的图片如图 5-16 所示。

赤壁之战场景图提示词生成

按照提示词公式：[主体] + [细节] + [环境] + [情感/氛围] + [构图/视角] + [材质/纹理] + [风格] + [用途]生成"赤壁之战"这一经典历史场景图，让学生更好地理解三国时期的军事策略和人物关系。

赤壁之战场景图提示词：

[主体] 曹操百万大军战船连营，东吴水军战船严阵以待，诸葛亮、周瑜、黄盖等主要人物立于船头

[细节] 战船上旗帜飘扬，刀枪林立，士兵们神情紧张，江面上火光冲天，浓烟滚滚

[环境] 长江江面，夜晚，乌云密布，狂风呼啸

[情感/氛围] 紧张、激烈、悲壮、一触即发

[构图/视角] 俯视视角，展现整个战场全貌，突出双方对峙的紧张局势

[材质/纹理] 木质战船纹理清晰，火光和浓烟质感真实，人物服饰细节丰富

[风格] 写实风格，注重历史细节和场景还原

[用途] 历史教学，帮助学生理解赤壁之战的历史背景、军事策略和人物关系

补充说明：

- 可以根据教学需求，调整画面细节和人物比例，例如突出诸葛亮借东风的场景，或者放大黄盖诈降的画面。
- 可以添加文字注释，标注重要人物、事件和地点，方便学生理解。
- 可以使用动态效果，例如战船移动、火光闪烁等，增强画面表现力。

希望这个提示词公式能够帮助你生成一幅精彩的赤壁之战场景图，让学生们更好地理解和感受这段历史。

图 5-15　DeepSeek 生成的赤壁之战场景图提示词

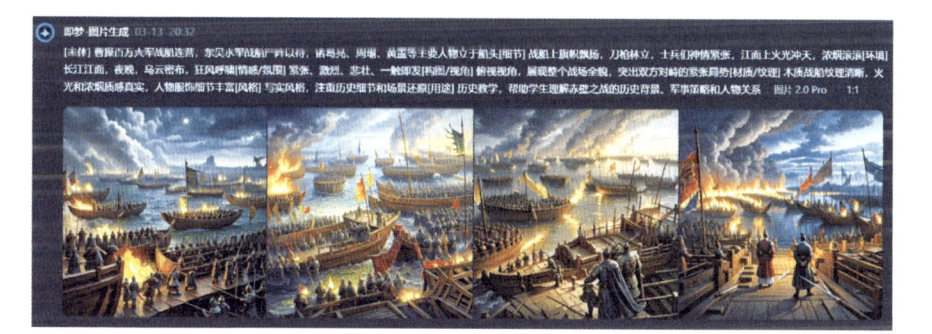

图 5-16　即梦 AI 生成的赤壁之战场景图

（2）复原文学场景描写

在语文教学过程中，学生往往需要深入理解文学作品中的场景描绘和人物

情感。借助 AI 技术生成的文学场景插图，学生能够更直观地感受文学情境，从而深刻领会作者的创作意图和情感表达。以鲁迅作品《故乡》中"闰土捉猹"场景的复原为例，该技术有效帮助学生全面把握闰土这一角色的形象特征，并增强对乡村生活氛围的感知。鲁迅《故乡》中"闰土捉猹"场景提示词如图 5-17 所示，具体插图如图 5-18 所示。

按照提示词公式：[主体]+[细节]+[环境]+[情感/氛围]+[构图/视角]+[材质/纹理]+[风格]+[用途]生成鲁迅《故乡》中"闰土捉猹"的场景，让学生更好地理解闰土的形象和乡村生活的氛围。

鲁迅《故乡》中"闰土捉猹"场景提示词：

[主体] 少年闰土手持钢叉，目光炯炯，准备刺向西瓜地里的猹

[细节] 闰土头戴小毡帽，颈套银项圈，身穿破旧棉袄，赤脚站在泥地里，猹露出尖利的牙齿，眼神凶狠

[环境] 月光下的西瓜地，瓜叶茂盛，瓜藤缠绕，远处隐约可见村庄的轮廓

[情感/氛围] 紧张、刺激、充满童趣，又带着一丝乡村夜晚的静谧

[构图/视角] 仰视视角，突出闰土的勇敢和猹的凶猛，背景虚化，突出主体

[材质/纹理] 瓜叶的纹理清晰可见，泥土的质感真实，月光柔和地洒在人物和景物上

[风格] 写实风格，注重细节刻画和氛围渲染

[用途] 语文教学，帮助学生理解闰土的形象特点、乡村生活的氛围以及鲁迅笔下的人物刻画技巧

补充说明：

- 可以根据教学需求，调整画面细节和人物比例，例如突出闰土手中的钢叉，或者放大猹的表情。
- 可以添加文字注释，标注重要细节和人物形象特点，方便学生理解。
- 可以使用动态效果，例如闰土刺向猹的动作，或者猹逃跑的画面，增强画面表现力。

希望这个提示词公式能够帮助你生成一幅生动的"闰土捉猹"场景图，让学生们更好地理解和感受鲁迅笔下的经典形象和乡村生活。

图 5-17　DeepSeek 生成闰土捉猹场景图提示词

图 5-18　即梦 AI 生成闰土捉猹场景图

(3)艺术课堂：名画风格再现与创作实践

在艺术课堂的教学过程中，学生需掌握各艺术流派的特征及其表现技巧，并通过实际创作活动来深化理解。借助 AI 技术生成的名画风格再现图片，能够为学生提供更为直观的艺术风格体验，从而激发其创作潜能。以梵·高的《星月夜》为参照，创作一幅体现梵·高风格的自然风景画，使学生能够学习并掌握后印象派的笔触和色彩运用技巧。以梵·高的《星月夜》为参考的自然风景图提示词如图 5-19 所示，生成的图片如图 5-20 所示。

> 按照提示词公式：[主体]+[细节]+[环境]+[情感/氛围]+[构图/视角]+[材质/纹理]+[风格]+[用途]以梵·高的《星月夜》为参考，生成一幅具有梵·高风格的自然风景图，让学生学习后印象派的笔触和色彩运用。

❖ **以梵·高《星月夜》为参考的自然风景图提示词：**

[主体] 一片金黄色的麦田，麦浪翻滚，充满动感

[细节] 麦田中点缀着几棵深绿色的柏树，树干扭曲向上，树冠如火焰般舞动，天空中盘旋着几只乌鸦，远处是起伏的山丘和村庄

[环境] 晴朗的夏日傍晚，夕阳西下，天空呈现出橙黄色和蓝紫色的渐变

[情感/氛围] 热烈、奔放、充满生命力，又带着一丝孤独和忧郁

[构图/视角] 俯视视角，展现麦田的广阔和天空的辽阔，柏树和乌鸦打破画面的平衡，增添动感和戏剧性

[材质/纹理] 厚重的油画笔触，色彩浓烈，充满质感，麦田的纹理清晰可见，天空的云彩如漩涡般流动

[风格] 后印象派风格，强调主观感受和情感表达，色彩鲜艳，笔触粗犷

[用途] 美术教学，让学生学习后印象派的笔触和色彩运用，感受艺术家对自然的热爱和内心的情感世界

补充说明：

- 可以根据教学需求，调整画面细节和色彩搭配，例如增加更多种类的树木，或者改变天空的颜色。
- 可以添加文字注释，标注重要元素和艺术手法，方便学生理解。
- 可以使用动态效果，例如麦浪翻滚，乌鸦飞翔，增强画面表现力。

希望这个提示词公式能够帮助你生成一幅具有梵·高风格的自然风景图，让学生们更好地学习和欣赏后印象派艺术的魅力。

图 5-19　DeepSeek 生成以梵·高的《星月夜》为参考的自然风景图提示词

利用 DeepSeek 生成的详尽提示词，结合即梦 AI 技术生成的图片，教师能够迅速构建满足教学需求的高品质视觉辅助素材。这些视觉素材可以帮助学生更直观地理解抽象概念，显著提升教学效果。

图 5-20　即梦 AI 生成以梵·高的《星月夜》为参考的自然风景图

借助 AI 工具的辅助，教师可以将复杂知识内容转化为生动的视觉元素，有效激发学生的学习兴趣，提高教学效率，并为课堂教学注入创新与活力。例如，在讲解自然灾害时，教师可以快速生成清晰的图片，如喷发的火山、地震后的地面裂缝、泥石流冲毁道路的场景等（如图 5-21 所示）。这些生动的画面能让学生直观了解灾害现象，加深理解。

图 5-21　喷发的火山、地震后的地面裂缝、泥石流冲毁道路

5.1.3　使用百度 AI 图片助手剪辑处理图片

百度 AI 图片助手融合了前沿的 AI 图片生成与处理技术，主要包含 AI 绘图和 AI 图片编辑两大核心功能模块。只需提供简洁的文字描述或上传图片素材，即可迅速创作出兼具创新性与个性化的高品质图片作品。借助百度 AI 图片助手

进行图片剪辑与处理，操作便捷且高效。以下将详细说明如何利用百度 AI 图片助手进行图片剪辑与处理的具体步骤。

1. 访问百度 AI 图片助手

1）直接在百度搜索所需图片，选中图片后，图片右侧会显示 AI 编辑功能区，根据需求选择相应功能，如图 5-22 所示。

图 5-22　百度搜索图片后访问百度 AI 图片助手界面

2）直接访问 https://image.baidu.com，即可开启智能图片创作之旅。具体操作界面如图 5-23 所示。

图 5-23　百度 AI 图片助手首页

2. 图片上传或选取

1）图片上传操作：在百度 AI 图片助手界面底部，点击"上传图片"按钮，随后从本地计算机中选择所需图片文件进行上传，如图 5-24 所示。

图 5-24　上传图片

2）图片选取操作：也可在百度搜索引擎的搜索框中输入相关图片关键词，从搜索结果中筛选出满意的图片，点击图片进行预览，并启用百度 AI 图片助手的编辑功能。

3. 图片处理功能的应用

百度 AI 图片助手集成了多项前沿的图片处理技术，具体功能如下。

- 变清晰：一键提升图片清晰度，智能增强图片细节与纹理，优化视觉效果，无须用户额外调整。
- AI 去水印：自动识别并精准去除图片中的水印元素，恢复图片的原生纯净状态。
- 文字替换：可输入新文本，AI 技术将自动替换图片中原有文字，确保图片整体风格的协调一致。
- 线稿提取：高效将彩色图片转换为线条图，精确捕捉图片的轮廓特征。
- 智能抠图：精准分离图片中的前景物体与背景，并支持手动微调，以满足特定需求。
- 涂抹消除：利用画笔或橡皮擦工具选定区域进行精细涂抹，有效去除照片中的瑕疵。
- AI 相似图生成：基于原始图片创建风格相似的新图片，可自定义相似度参数。
- 局部替换：精确选取图片特定区域进行替换，实现无缝融合效果。
- 风格转换：提供多样化的艺术风格选项，将图片转换成特定艺术风格的呈现形式。
- 背景替换：智能识别并灵活替换图片背景，提供多种风格或场景供选择。
- AI 扩图：按需求扩展图片尺寸，并智能填充新增区域，确保图片细节的连贯性。
- AI 重绘：对图片进行创意性重构，生成保留原图核心元素的新图片，可调节重绘程度。

4. 处理后图片的保存

在完成图片处理后，可在百度 AI 图片助手界面预览处理效果，如图 5-25 所示。若对结果满意，可通过点击"下载"按钮将图片保存至本地计算机。图片的上传过程及部分处理效果的展示分别如图 5-26～图 5-31 所示。

图 5-25　预览图片处理效果

图 5-26　上传处理原图

图 5-27　去除水印效果图

图 5-28　局部替换效果图

图 5-29　文字替换效果图

图 5-30　提取线稿效果图

图 5-31　风格变化效果图

5. 注意事项

版权问题：在使用百度 AI 图片助手处理工具进行图片编辑时，必须高度重视图片的版权归属问题。

处理效果：尽管百度 AI 图片助手处理工具提供了丰富多样的图片处理功能，但其处理效果可能受到图片原始质量、内容等多重因素的影响。因此，在处理图片时，建议根据具体图片的特点，选择合适的处理功能及参数设置，以优化处理效果。

5.2　AI 辅助教学视频设计

随着 AI 技术的飞速进步，视频已成为教学领域不可或缺的重要媒介。借助 AI 辅助的视频制作技术，教师能够高效地打造出高质量的教学视频，实现场景的精准再现、知识的直观展示，以及互动性内容的精心编排，从而显著增强课堂的吸引力，提升教学效果。本节将系统阐述 AI 生成视频的核心方法及其在实践中的操作技巧，内容覆盖从提示词构建到视频剪辑的完整工作流程。

5.2.1　AI 生成视频万能提示词公式

随着 AI 生成技术的迅猛发展，视频创作领域也迎来了颠覆性的变革。AI 不仅能够从文本描述中生成静态图片，还能进一步拓展至动态视频内容的创作。其主要实现方式可分为文案驱动视频生成和图片驱动视频生成两大类别。该技术正在影视制作、广告营销、游戏开发、教育科普等多个领域掀起创新的热潮。

1. 文案生成视频

AI 文案生成视频技术是将静态文字转化为生动的动态画面，教师可以在即梦 AI 对话框中输入对于视频的描述提示词：

> "一个撑着油纸伞的姑娘，在幽长雨巷缓步独行，水墨淡彩"

对应生成的视频如图 5-32 所示。

2. 图片生成视频

AI 图片视频生成技术能够将静态图片转化为生动的动态视频。以图 5-4 中的第四张图片为例，通过这项技术，可以直接生成具有动态效果的作品，如图 5-33 所示。

图 5-32　文案生成视频

图 5-33　图片生成视频

3. 万能提示词公式

（1）基础版公式（快速上手）

结构：[主体]+[环境/背景]+[运动]+[风格]

- 主体：核心动态元素（人物、物体、动物等），需明确基本特征，例如"跳舞的人"。

- 环境/背景：主体所处的场景或空间，例如"舞台灯光"。
- 运动：主体在视频中的动态行为，关键动作，移动或变化，例如"流畅的动作"。
- 风格：视频的整体视觉效果和艺术风格，例如"MV 风格"。

完整的示例提示词如下：

跳舞的人，舞台灯光，流畅的动作，MV 风格

生成的视频如图 5-34 所示。

图 5-34　基础版提示词公式生成视频

（2）进阶版公式（高精度控制）

结构：[主体]+[细节描述]+[环境/背景]+[运动]+[风格]+[情感]+[镜头语言]+[构图]+[光影色调]

- 细节描述：对主体进行深入的描绘，包括其具体特征、姿态或人物形象的设定，以增强主体的辨识度，例如"穿红色长裙，旋转时裙摆展开"。
- 情感：视频旨在传达的情感或情绪，以与观众建立情感上的联系，例如"孤独但自由"。
- 镜头语言：涉及镜头的切换、角度等技术性操作，例如"慢动作特写"。
- 构图：画面元素的布局与排列方式，用以引导观众的视线并突出主体，例如"中央对称"。
- 光影色调：视频中的光影效果与色彩搭配，用以营造特定的氛围，例如

"暖金色主光"。

完整的提示词如下：

穿红色长裙跳舞的人，旋转时裙摆展开，舞台灯光，流畅的动作，MV 风格，孤独但自由，慢动作特写，中央对称构图，暖金色主光

生成的视频如图 5-35 所示。

图 5-35　进阶版提示词公式生成视频

尽管 AI 视频生成技术已取得显著进展，但过于复杂的提示词可能会导致 AI 理解上的偏差。在基础要素上精确添加 1~2 个关键增强项，既能保持提示词的清晰度，又能获得理想的动态效果。为了更高效地生成符合预期的视频内容，建议设计提示词时应遵循以下原则。

- 简洁性：避免使用冗长或模糊的表达，采用清晰、直接的语言描述核心内容，确保 AI 能迅速理解关键要素。
- 适度细化：提供必要的场景、主体和基础动作信息，但应避免过度细化复杂动作或时间线，以免超出当前 AI 视频生成技术的能力范围。
- 风格引导：若需特定视觉风格（如电影感、动画风格），应在提示词中明确指出，但应避免同时要求多种相互冲突的风格。

（3）AI 生成视频参考提示词库

AI 生成视频参考提示词库如表 5-4 所示。

表 5-4　AI 生成视频参考提示词库

元素	示例
主体	宇航员、跑酷者、黑豹、舞者、赛车、无人机、剑客、飞鸟、黑客、海浪
细节描述	破损的机甲、闪烁的霓虹、飘动的围巾、滴落的雨水、旋转的齿轮、燃烧的火焰、发光的纹路、飞扬的沙尘、碎裂的玻璃、缠绕的藤蔓
环境/背景	赛博都市、雨夜小巷、沙漠废墟、太空站、霓虹夜市、迷雾森林、末日战场、深海洞穴、未来实验室、黄昏草原
运动	高速冲刺、缓慢漂浮、旋转跳跃、爆炸冲击、镜头追踪、时间减速、粒子飞散、镜头抖动、瞬间闪现、流体变形
风格	赛博朋克、胶片复古、蒸汽波、科幻未来、暗黑奇幻、极简主义、动漫风格、纪录片、超现实、动态涂鸦
情感	紧张刺激、孤独寂寥、热血沸腾、神秘悬疑、浪漫唯美、压抑窒息、震撼冲击、梦幻迷离、冷酷肃杀、欢快活力
镜头语言	第一人称、俯冲镜头、慢动作、长镜头、鱼眼畸变、动态模糊、推拉变焦、环绕运镜、微距特写、分屏叙事
构图	黄金分割、对称框架、三分法则、极简留白、动态斜线、纵深层次、中心聚焦、散点分布、前景遮挡、倒影镜像
光影色调	霓虹蓝紫、暖橙黄昏、冷峻银灰、暗绿荧光、高对比黑白、粉紫渐变、炽热红焰、迷雾柔光、赛博青橙、胶片颗粒

5.2.2　使用即梦 AI 让历史人物"讲课"

在课堂中，当历史人物以虚拟形象"亲授毕生所学"，知识传递便增添了温度。借助即梦 AI，教师可随时"召唤"历史人物的数字分身：孔子身着素袍，细致讲解《论语》中的"君子之道"。通过形象与仪态的精准复现，先贤不仅能深入解析典籍要义，还能根据学生的认知节奏灵活调整讲解层次。这种穿越时空的"亲历式教学"，将抽象概念转化为可感知的智慧传承。

当学生目睹孔子在虚拟杏坛执卷踱步——记忆中的"克己复礼"不再仅是文字释义，更是圣贤言传身教的精神图景。

1. 选择历史人物和教学内容

教师根据教学目标，精选具有代表性的文学符号，将其与课程知识点有机融合，为后续的数字化呈现奠定坚实基础。

2. 构建提示词

运用在 5.2.1 节中介绍的提示词公式，通过 DeepSeek 构建提示词。参考提示词如下。

孔子（古代圣贤，身穿宽袖长袍，头戴儒冠，手持竹简，神情慈祥而庄重），竹简上刻有《论语》文字，周围有弟子认真聆听，古代书院环境，木质结构，书卷堆叠，窗外有竹林和远山，营造出宁静、智慧、庄重的氛围。中景构图，孔子居中，弟子环绕，对称视角，木质纹理细腻，竹简质感粗糙，衣袍布料柔软，整体风格为中国传统水墨画，色彩淡雅，留白艺术，适用于传统文化教育或书籍插图。

3. 生成图片

将 DeepSeek 中生成的提示词复制至即梦 AI，生成人物图片，如图 5-36 所示。可选择其中一张作为生成数字人的参照图，进行进一步优化。

图 5-36　应用 DeepSeek 生成的提示词在即梦 AI 中生成人物图片

4. 视频生成

视频生成的具体步骤如下。

1）选择图 5-8 左上角的"数字人"功能。
2）点击图 5-37 中的"导入角色图片/视频"按钮，上传所需的人物图片。

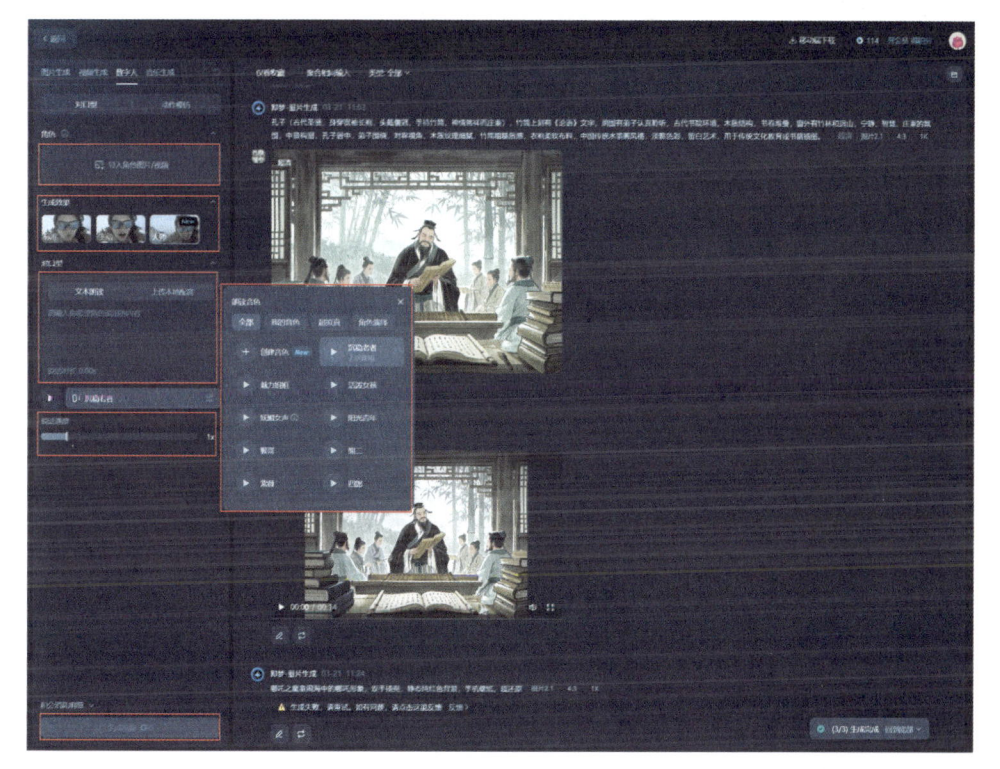

图 5-37　生成视频参数设置界面

3）选择"生成效果"为标准【标准/生动/大师】。
4）选择"对口型"为【文本朗读/上传本地配音】，并输入人物讲课的文本。
5）试听相应音色后，选择"音色"为沉稳老者【魅力姐姐/阳光少年/上海阿姨/港普男声……】。
6）点击"立即生成"按钮，即可生成视频。

5. 视频调整

点击生成的视频，进入视频编辑界面，根据需求进行编辑，如图 5-38 所示。若需对生成视频进行进一步剪辑、配音、添加字幕等操作，可借助其他工具，具体参见后文 5.2.5 节。

图 5-38　视频编辑界面

5.2.3　使用即梦 AI 生成教学配套视频

借助即梦 AI 生成视频技术，教师可以"唤醒"自然界的数字化身，让气象规律以动态场景直观呈现，比如蚂蚁搬家、燕子低飞、鱼跃水面这些常见现象，通过生动的画面和简单的解说，让学生直观认知其背后的天气原理。

1. 构建提示词

运用在 5.1.1 中介绍的提示词公式，通过 DeepSeek 构建图片提示词，参考提示词如下。

（1）蚂蚁搬家图片提示词

　　［主体］一群工蚁排成长队搬运食物
　　［细节］圆润 Q 版造型，黑褐色水墨晕染
　　［环境］晴朗但泛白的天空，干燥的青石板路面，远处天空堆积灰白云层
　　［情感/氛围］既团结协作又带着风雨欲来的紧迫萌态

[构图/视角] 横向微距视角，蚁群呈波浪形前进路线，留白处题字"蚂蚁成行，大雨淋裳"

[材质/纹理] 宣纸底纹，蚂蚁甲壳有干笔皴擦效果

[风格] 江南水墨动画风格

[用途] 儿童气象科普插图

（2）燕子低飞图片提示词

[主体] 三只家燕以低角度盘旋

[细节] 一只燕子翅膀轻触水面，荡起涟漪

[环境] 晴朗但泛白的天空，柳枝静止不动，湖面异常平静

[情感/氛围] 灵动，暗示空气湿度变化

[构图/视角] 仰视45度视角，燕子与倒影形成对称构图，留白处题字"燕子低飞，披蓑衣"

[材质/纹理] 湿笔渲染羽毛，淡墨勾勒云层轮廓

[风格] 江南水墨动画风格

[用途] 儿童气象科普插图

（3）鱼跃水面图片提示词

[主体] 两条憨态可掬的鲤鱼接连跃出水面

[细节] 圆润Q版造型，鱼溅起的水花呈扇形散开

[环境] 晴朗但泛白的天空，平静的池塘水面泛着油膜光泽，浮萍聚集

[情感/氛围] 活泼中带着"透不过气"的焦急感

[构图/视角] 水捕捉鱼儿腾空瞬间，留白处题字"鱼跃水面，风雨现"

[材质/纹理] 没骨法表现鱼鳞，枯笔飞白画水纹

[风格] 江南水墨动画风格

[用途] 儿童气象科普插图

2. 生成图片

参照 5.1.2 节内容，将 DeepSeek 生成的提示词复制到即梦 AI 中，用于图片生成，如图 5-39、图 5-40 及图 5-41 所示。

图 5-39　蚂蚁搬家

图 5-40　燕子低飞

图 5-41　鱼跃水面

3. 视频生成

选择图片后，在即梦 AI 中输入提示词如下。

蚂蚁搬家提示词：

　蚂蚁搬着食物往前，领队蚂蚁触角晃动，队伍末尾的小蚂蚁踉跄追赶

燕子低飞提示词：

　柳枝轻摆，燕子从画面右上向左下展翅飞翔，一只燕子翅膀轻触水面，荡起涟漪

鱼跃水面提示词：

　鱼儿上下跳动，跃出水面

生成的视频如图 5-42、图 5-43 和图 5-44 所示。

图 5-42　蚂蚁搬家视频

图 5-43　燕子低飞视频

图 5-44　鱼跃水面视频

5.2.4　使用即梦 AI 生成教师 3D 数字人

在教育数字化转型的浪潮中，AI 技术不仅革新了教学内容的呈现方式，更为教师个人品牌的塑造和教学互动的深化开辟了全新路径。借助即梦 AI 生成的教师本人的 3D 数字人，教师能够突破物理空间的限制，以更加生动、个性化的方式融入教学场景，实现教学影响力的多维度拓展。

1. 生成图片

参见 5.1.2 节，点击图 5-8 左上角的"导入参考图"按钮，上传所需图片参考图，选择"人像写真"类型（如图 5-45 所示），在文本框输入提示词，即可

图 5-45　选择"人像写真"类型

生成自己的 3D 数字人，如图 5-46、图 5-47 所示。

（1）3D 数字人形象—提示词

［主体］一位亲切的教师形象 3D 数字人，女性，全身照，年龄 30 岁左右，面带微笑

［细节］面部表情温和友善，眼神专注直视前方，嘴角微微上扬，右手持一本打开的语文课本（封面可见《语文》字样），左手做讲解手势，身着简洁大方的浅色衬衫+深色休闲裤+黑色平底鞋，搭配一副细框眼镜

［环境］纯色背景

［情感/氛围］轻松愉快的学习氛围

［构图/视角］全身像，平视视角

［材质/纹理］皮肤有自然光泽，衣服布料柔软质感，课本纸张纹理清晰

［风格］写实 3D 风格（类似 Pixar 动画角色细节程度）

［用途］语文古诗/成语故事讲解视频主角

图 5-46　3D 数字人形象一

（2）3D数字人形象二提示词

［主体］3D卡通风格数字人全身照，眼神直视前方，身穿剪裁得体的深灰色女士西装套装

［细节］内搭白色丝绸衬衫，衣领别着精致的珍珠胸针

［环境］背景为抽象几何图案

［情感/氛围］暖、活泼、亲切，带有未来数字人的时尚感

［构图/视角］全身中景构图，平视的视角

［材质/纹理］西装采用细腻的羊毛质感，衬衫有柔和的真丝光泽

［风格］风格为超写实3D渲染，皮肤有自然的皮下散射效果

［用途］用于国际会议的同声手语翻译

图5-47　3D数字人形象二

2. 生成视频

参照5.2.2节中的图5-37，利用图5-46生成数字人视频，参数设置按照

图 5-48 所示进行。输入提示词文本，设定朗读音色，点击"生成视频"按钮，即可创建专属的数字人及其声音，如图 5-49 所示。

图 5-48　3D 数字人视频参数设置界面

图 5-49　3D 数字人视频截图

5.2.5　使用剪映软件剪辑教学视频

1. 使用剪映软件进行视频编辑

（1）启动剪映专业版

启动剪映专业版（可通过抖音账号或 Apple 账号登录），如图 5-50 所示。接着，点击界面顶部的"+开始创作"按钮，进入创作界面，如图 5-51 所示。随后，点击顶部的"+导入"按钮，导入待编辑视频，如图 5-52 所示。

第 5 章　AI 辅助教学素材创作　131

图 5-50　剪映主界面

图 5-51　剪映开始创作界面

（2）对已上传的视频进行剪辑处理

对已上传的视频进行剪辑处理：选择视频轨道；点击左侧工具栏中的"分割"选项，即可对视频进行精确剪辑并调整其位置，以保留所需内容。具体操作步骤可参考图 5-53。

图 5-52 剪映导入视频界面

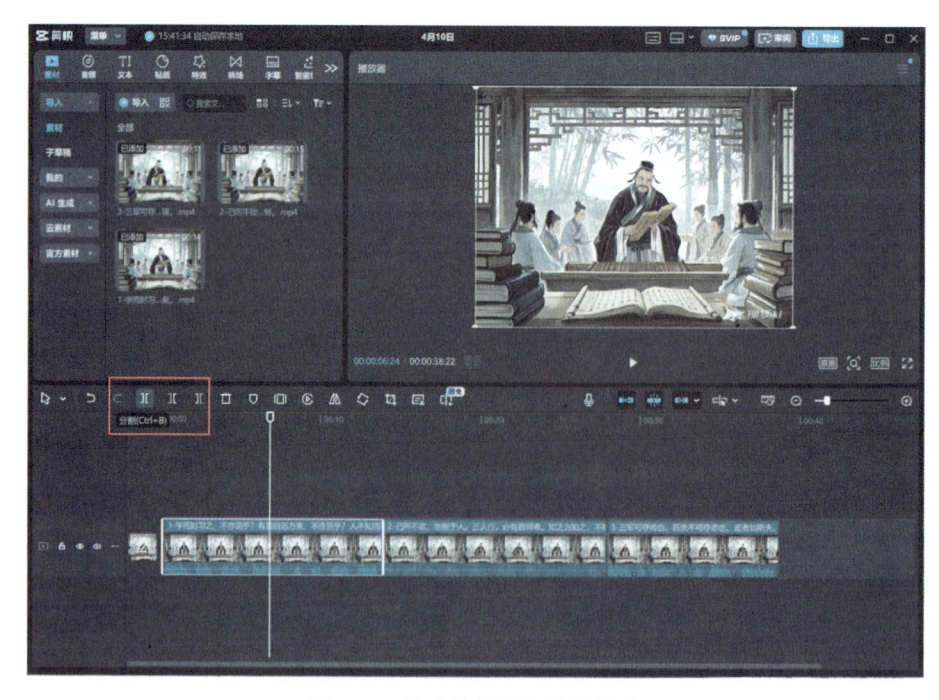

图 5-53 剪映编辑导入视频界面

(3) 使用视频编辑界面编辑处理

1) 点击顶部菜单栏的"文本"功能图标，接着选择"智能字幕"，并启用"文稿匹配"功能，具体操作步骤如图 5-54 所示。

图 5-54　剪映添加智能字幕界面

2) 点击"开始匹配"按钮，将视频的文本内容粘贴至文稿输入框，如图 5-55 所示。再次点击"开始匹配"按钮。即可生成字幕。

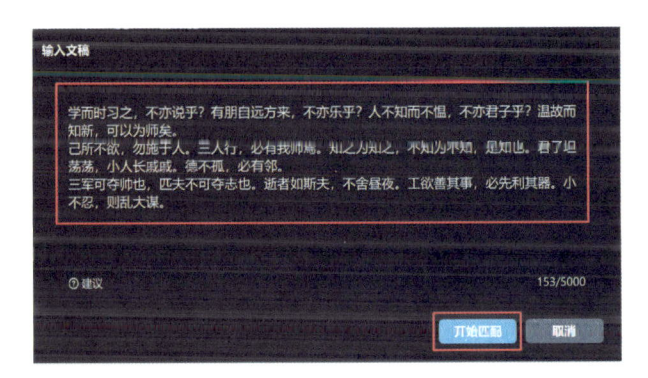

图 5-55　剪映匹配智能字幕文稿界面

3）字幕自动生成后，可根据实际需求对字幕的文本内容、字体样式、字号大小、颜色以及位置等参数进行精细调整。具体设置如图 5-56 所示。

图 5-56　剪映调整字幕界面

4）调整完成后，点击图 5-56 中右上角的"导出"按钮导出已编辑的视频。在导出过程中，可以设置相关视频参数，如图 5-57 所示。设置完成后，点击"导出"按钮即可导出视频。

2. 利用 AI 技术进行视频配音

借助 AI 技术能够训练出个人专属的克隆音色，进而为视频配备教师特有的音色。利用 AI 技术进行视频配音的具体步骤如下。

1）在视频下方的轨道中选中所需字幕后，点击右上角的"朗读"按钮，并选择"克隆音色"功能，具体操作步骤详如图 5-58 所示。

图 5-57　剪映视频导出设置界面

图 5-58　剪映克隆音色界面

2）可以选择录制音频或导入音频文件两种克隆方式，如图 5-59 所示。若选择"导入音频文件"，可直接上传已录制的音频；若选择"录制音频"，则可进行音频录制，操作界面如图 5-60 所示。

图 5-59　剪映克隆方式选择界面

图 5-60　剪映选择录制音频界面

3）点击"点按开始录制"按钮，即可启动个人克隆声音的训练流程。在录制过程中，建议佩戴耳机，并选择一个安静的环境，以确保声音的清晰度和录制效果。

4）录制完成后，可根据需求选择"保留口音版"或"标准发音版"。此外，还能根据实际需要挑选不同语种进行试听。为音色命名后，点击"保存音色"按钮，即可生成专属的克隆音色。如图 5-61 所示。

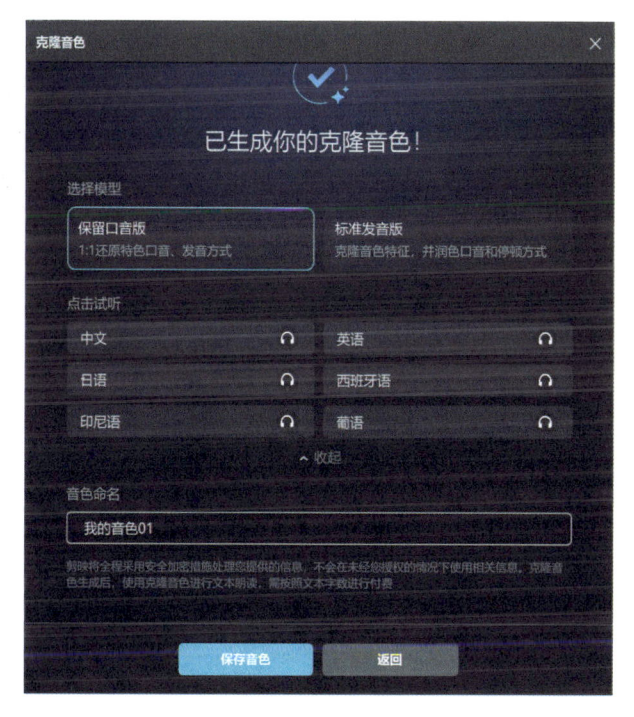

图 5-61　剪映保存音色界面

5）返回至第 1）步如图 5-58 右上角所示的"朗读"界面，选中字幕后，即可看到专属的克隆音色，如图 5-62 所示。点击所选音色，即可试听相应的字幕内容。

6）选中全部字幕，启用"克隆音色"功能，随后点击"开始朗读"按钮，即可一键批量完成克隆音色的朗读任务。制作满意后，点击右上角"导出"按钮，即可保存编辑好的视频。

图 5-62 实现克隆音色朗读界面

第 6 章
AI 辅助 PPT 课件制作

本章主要介绍如何使用 AI 助手辅助 PPT 课件的制作。首先对主流 AI PPT 助手的特点、使用方式进行介绍；然后，以同一门课程的课件辅助制作为示例，选取不同的 AI 助手分别完成不同的环节，包括快速生成 PPT 课件大纲、完整生成 PPT 课件初稿、智能美化 PPT 课件和智能编辑 PPT 课件，向读者展示不同 AI 助手在辅助课件制作中的特点和优势。

本章要点：
- 如何使用 AI 助手辅助 PPT 课件的制作
- 主流 AI PPT 助手的使用方式
- AI 辅助 PPT 课件大纲编写及制作步骤
- 使用不同 AI 助手对 PPT 课件进行美化和编辑

6.1 辅助制作 PPT 课件的 AI 助手

本节主要介绍目前比较主流的辅助 PPT 制作的 AI 助手。此类 AI 助手分为两种，一种为专用平台，专门提供 AI 辅助 PPT 制作的功能，如国内的优秀产品 AiPPT 和 iSlide；另一种为通用平台，即在 AI 对话过程中智能判断是否调用 PPT 工具，如百度 AI 搜索接入了百度文库、讯飞星火接入了讯飞智文、抖音旗下的豆包接入了 AiPPT。

为方便读者使用，这里将主流的辅助 PPT 制作的 AI 助手列在表 6-1 中，并在后文简要介绍其使用方法。

表 6-1 辅助 PPT 制作的 AI 助手访问方式

平台名称	访问方式	特 点
百度 AI 搜索	官方网址：https://chat.baidu.com/search，点击"AI PPT"生成 PPT 大纲后跳转百度文库	编辑大纲较为灵活 丰富的 PPT 模板可供选择
讯飞星火	官方网址：https://xinghuo.xfyun.cn/desk，点击"PPT 生成"后编写 PPT 大纲并跳转讯飞智文	可设置默认页数 可设置语种
豆包	官方网址：https://www.doubao.com/chat，点击"AI PPT"生成 PPT 大纲后调用 AiPPT 的第三方工具	可使用豆包与 AiPPT 的联名定制模板
AiPPT	官方网址：https://www.aippt.cn/，可直接登录使用	提供多种 PPT 生成方式 可完整查看 PPT 生成过程 可使用 AI"多页合成"
iSlide	官方网址：https://www.islide.cc/，选择"PPT 模板"-"AI 模板"	风格简约易上手 可 AI 单页替换 PPT

访问百度 AI 搜索的官方页面后，可以点击"AI PPT"自动填写提示词，如图 6-1 所示。

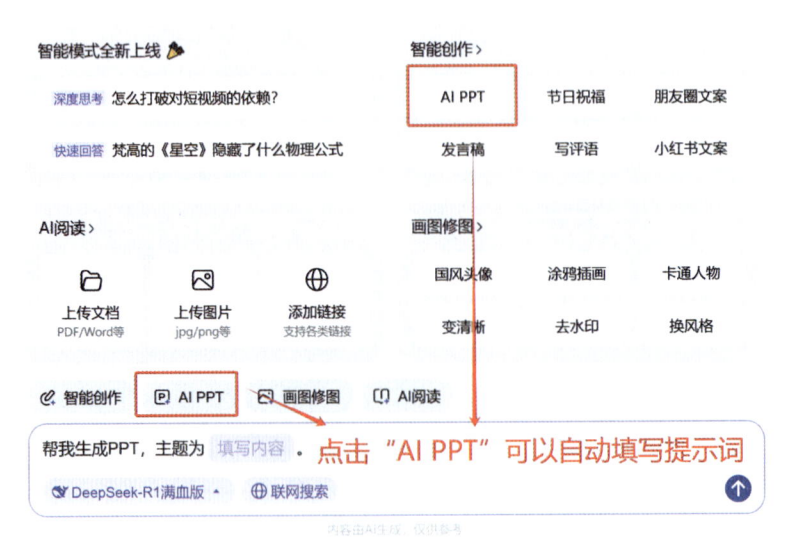

图 6-1 百度 AI 搜索提供的 AI 生成 PPT 功能

补全提示词，选择模型"DeepSeek-R1 满血版"配合"联网搜索"的方式生成 PPT 的大纲，如图 6-2 所示。

图 6-2　使用百度 AI 搜索生成 PPT 课件大纲

在大纲底部点击"选择模板"后（如图 6-3 所示）即可选择模板，选好合适的模板后点击"开始生成 PPT"即可按照上述大纲生成完整 PPT（如图 6-4 所示）。

图 6-3　在百度 AI 搜索中选择 PPT 课件的模板

图 6-4 在百度 AI 搜索中用大纲和模板生成完整 PPT

百度 AI 搜索中提供了初步的 PPT 预览功能，如果需要继续完善和优化 PPT 课件，可以下载到本地计算机（免费版生成和下载都有次数限制）或者是跳转至百度文库进行后续操作，如图 6-5 所示。

图 6-5 跳转至百度文库进行后续操作

第 6 章　AI 辅助 PPT 课件制作　143

如图 6-6 所示，为使用讯飞星火 AI 助手调用讯飞智文的 PPT 生成功能。生成 PPT，步骤与上文使用百度 AI 生成 PPT 课件的示例类似。实际上，各个平台虽然在操作过程中略有不同，但总体思路基本一致："提示词编写—大纲生成—模板选择—完整 PPT 生成"。

图 6-6　使用讯飞星火调用讯飞智文生成 PPT

同样的，在豆包 AI 助手中，也可以在生成大纲后调用第三方工具（目前默认为 AiPPT）进行 PPT 课件的生成，如图 6-7 所示。

图 6-7　使用豆包 AI 助手调用第三方工具生成 PPT

对于专门提供 AI 辅助 PPT 生成的独立平台，为提高用户的易用性，往往提供更多的"选项"降低使用门槛。如 AiPPT 平台除了常规的使用提示词生成 PPT，还提供了导入文件和网址链接生成 PPT 的功能，并对页数、受众、场景、语气、语言都提供了相应的选项，如图 6-8 所示。

图 6-8　AiPPT 平台提供易用的 PPT 辅助生成功能

另一个独立平台 iSlide 主打简约的使用风格，在对话生成 PPT 的基础上，提供"一键换肤"和"更换单页"的功能，适合快速生成 PPT 的场景，如图 6-9 所示。

随着各大平台 AI 辅助制作 PPT 能力的逐步完善，主流工具都已经可以完成从"一句话"到"一套 PPT"的自动生成过程，读者在选择时还是要更多关注其大纲生成的灵活性、PPT 模板的多样性、生成 PPT 后的自主编辑支持等维度，来选取适合自己的 AI 辅助 PPT 课件制作工具。

图 6-9　独立平台 iSlide 提供简约实用的 PPT 辅助生成功能

6.2　使用 AI 工具辅助制作 PPT 课件

6.2.1　使用 DeepSeek 快速生成 PPT 大纲

在正式用 AI 助手辅助生成 PPT 课件前，建议读者优先进行 PPT 大纲的生成。虽然从 AI 工具的角度看，很多 AI 平台为了追求"易用性"将输入简化为一段话甚至一句话，但是在专业的领域尤其是较为严谨的教学场景，并不推荐直接使用 AI 助手全自动化生成的 PPT 大纲。

本节参考国内某高校经济学院专业课程《金融经济学导论》的内容，依据该课程的教学大纲和课程内容，生成 PPT 课件的基本框架。如图 6-10 所示。

生成后的 PPT 课件大纲如图 6-11 所示，其内容严格按照提示词的模块划分进行了整体规划，同时内容也没有过度发散，按照教学思路覆盖了教学大纲内容和教材中的相关章节。

```
仅识别附件中的文字

    📎 金融经济学导论-教材...        📎 金融经济学导论-教学...
       TXT 1.99KB                  PDF 891.14KB

请参考《金融经济学导论》教学大纲，结合大纲中关于资本资产定价模型（CAPM）的内容
和教材中的相关章节，设计一个15到20页的PPT框架，需覆盖以下内容：
【理论解析层】至少包含：用通俗语言解释CAPM的核心公式、标注每个变量的经济学含
义、对比特例时资产的预期收益与风险关系、贝塔系数计算的现实案例
【实战应用层】至少包含：2个实际案例，并针对案例结合其行业竞争与市场波动解读，酌情
加入政治风险溢价调整讨论
【课堂互动设计】至少包含：一个5分钟小组任务，根据资本资产定价模型的学习内容，计算
理论预期收益率并讨论与实际收益的偏差原因
【批判与拓展】至少包含：用对比表格总结CAPM的局限性与Fama-French三因子模型的改
进、推荐扩展资源链接

  深度思考(R1)    联网搜索                                    📎  ⬆
```

图 6-10　上传教学大纲和教材内容让 DeepSeek 生成 PPT 课件大纲

CAPM理论与实践PPT框架设计

2. 特例分析（2页）

- β=0（国债）：收益=无风险利率
- β=1（指数基金）：收益=市场平均收益
- β>1（科技股）：高波动要求高收益

3. 贝塔系数计算案例（3页）

- **案例**：计算苹果公司（AAPL）的β
  - 步骤：取5年AAPL与标普500日收益率数据 → 协方差/市场方差 → β≈1.2
- **行业对比表**：能源（β≈0.8）vs 科技（β≈1.4）

模块二：实战应用层（10页）

1. 案例1：新能源车企（5页）

- **背景**：特斯拉在2020-2023年的β波动（1.5→1.8）
- **解读**：
  - 行业竞争：传统车企入局 → 市场风险溢价上升
  - 政治风险：美国补贴政策调整 → 加入2%政治风险溢价

给 DeepSeek 发送消息

图 6-11　使用 DeepSeek 生成的 PPT 课件大纲（节选）

读者可在该大纲的基础上进行调整,并保存为 Markdown 格式或 TXT 文本格式,用于继续在其他智能 PPT 工具中导入使用。

6.2.2 使用讯飞智文生成完整教学 PPT 课件

在上一小节生成的《金融经济学导论》PPT 课件大纲基础上,本节使用讯飞智文(官方网址 https://zhiwen.xfyun.cn/home)为例进行完整的教学 PPT 课件制作。读者可以使用首页的"高级创建"功能,直接上传之前生成好的 PPT 大纲文档,如图 6-12 和图 6-13 所示。

图 6-12 使用讯飞智文的"高级创建"功能

上传课件大纲后,在上图 6-13 中可以看到 AI 助手提供了"直接提取文档大纲"的功能,因此无须编写额外的提示词,直接点击即可生成符合格式要求的大纲内容,同时教师也可以选择编辑内容、调整层级和顺序等操作,如图 6-14 所示。

除了可以修改大纲本身的内容外,示例中还选择了"还原原文"选项以保持课件正文生成过程的严谨性,对于其他有多样性和发散性要求的课程,教师可以酌情改为"在原文基础上扩写"选项,使用方法相同本例不再赘述。

图 6-13 上传生成好的 PPT 课件大纲

图 6-14 解析格式后的 PPT 课件大纲

对于课件正文文本的设置，AI 助手也提供了其他选项。如设置课件正文生成的文本风格，建议选择"丰富"让 AI 助手尽可能多填写内容，同时根据实际情况调整语气和受众，本示例为了符合本科生教学场景，选择了"专业""大学生""较短备注"的设置，如图 6-15 所示。

课件中的图片生成可以在 AI 助手中调整设置，正常情况下选择"普通 AI

图片模型"选项即可（如图 6-16 所示），这样会兼顾美观和生成速度。如果不希望生成带图片的 PPT，也可以选择无图模式，可以大幅提升生成速度。

图 6-15　设置课件正文生成的文本风格　　　图 6-16　调整课件的配图设置

在画面风格上可以选择符合课程内容和意向的模板，本示例为了搭配后续模板，考虑到美观度，采用了"冷色调"的风格设置，如图 6-17 所示。

图 6-17　设置 PPT 课件的画面风格

完成 PPT 课件的内容设置后，可以选择喜欢的模板进行完整的 PPT 课件的生成，如图 6-18 所示。

图 6-18 选择 PPT 模板并生成课件

本示例选取生成的一页课件内容进行展示，如图 6-19 所示。可以看到，AI 助手在按照课程内容生成课件的同时，也根据知识点总结了可参考的讲义备注，其语言风格也符合前述设置中的各项要求。

图 6-19 讯飞智文生成的 PPT 课件（节选）

第 6 章　AI 辅助 PPT 课件制作　　151

　　至此已经初步完成了《金融经济学导论》课程中关于资本资产定价模型的课件制作，如图 6-20 所示，可以选择下载 PPT 课件和讲义 Word 文件。对于生成的 PPT 课件，可以继续在讯飞智文平台进行编辑，同时也可以使用其他工具进一步完善。

图 6-20　下载 PPT 课件和讲义 Word 文件

6.2.3　使用百度文库智能助手美化 PPT 课件

　　本节使用百度文库（https://wenku.baidu.com/）的智能 PPT 助手对上一节生成的 PPT 课件进行美化。在百度文库首页选择名为"智能 PPT"的 AI 助手，如图 6-21 所示。

图 6-21　选择百度文库的"智能 PPT" AI 助手

进入"智能 PPT"AI 助手页面后，可以看到若干常用功能，如"输入主题生成""上传文档生成""上传图片生成"等功能，目的都是根据用户提供的材料快速生成 PPT。本示例直接使用"美化 PPT"功能，首先上传《金融经济学导论》的 PPT 课件，如图 6-22 所示。

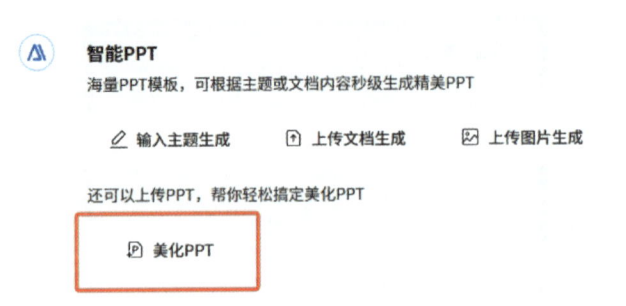

图 6-22 使用"美化 PPT"功能并上传 PPT 课件

在弹出的模板选择窗口中，可以选择符合个人审美要求的 PPT 模板，简单预览效果后点击"开始美化"，如图 6-23 所示。

图 6-23 选择合适的样式后开始美化 PPT 课件

经过一段时间的系统处理后（约 30 秒），百度文库的智能 PPT 助手就可以生成美化后的新的 PPT 课件，点击可以查看完成后的效果，如图 6-24 所示。

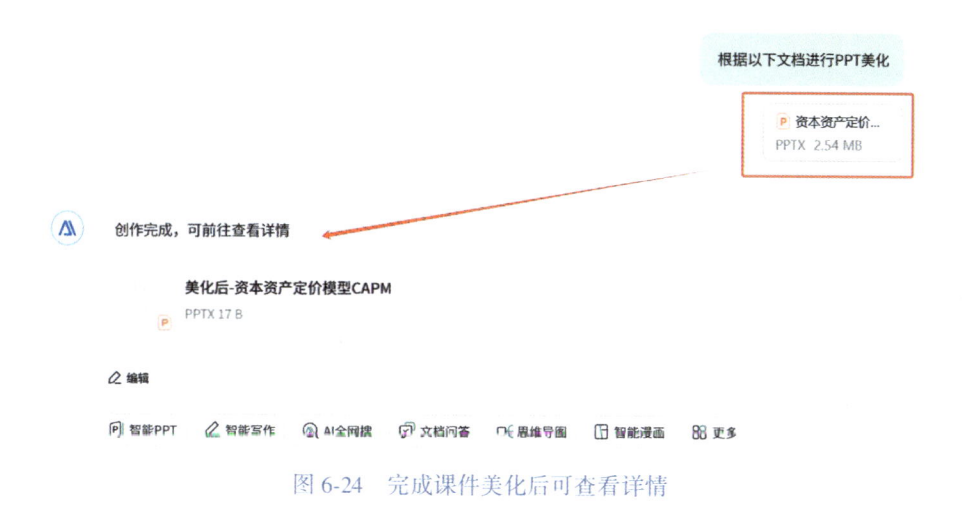

图 6-24　完成课件美化后可查看详情

作为视觉效果的对比，本示例选取两张内容相同的 PPT 课件单页进行对比。初始生成的课件效果（图 6-25a），与经过 AI 助手美化后的课件效果（图 6-25b）。

a）初始效果

图 6-25　AI 助手美化课件的效果对比

b）美化后的效果

图 6-25　AI 助手美化课件的效果对比（续）

可以看到，除了将配色修改为新模板的样式外，AI 助手还对课件内容做了一定的补充，根据该页面内容"模型局限性和对比"增添了模型优劣势分析，同时由于增加了内容模块，整体页面的布局也自动做出了调整适配，以符合美观要求。

在初始生成的 PPT 课件中，虽然选择了 AI 图片模型进行配图，但有时图片内容无法在细节上契合具体的文字内容，这时可以使用"更换配图"的功能进行图片调整，如图 6-26 所示。

选中某一张待替换图片（百度文库的智能 PPT 助手暂不支持批量更换配图），使用"更换配图"后，会在右侧的智能助手对话界面中发送相关 AI 指令，经过几秒钟等待即可获得 4 张待选配图（如图 6-27 所示），同时也可以多次刷新以便获取满足要求的配图，直接点击图片即可完成替换。

第 6 章　AI 辅助 PPT 课件制作　155

图 6-26　更换 PPT 课件中的配图

图 6-27　智能助手根据页面内容推荐配图

除了使用页面上方的更换配图功能，还有两种其他方式也可以完成相同的功能。如图 6-28 所示，可以直接在所选图片上方的选项中选择"AI 换图"；也可以选中图片后，在界面右侧的智能助手对话界面中选择提示的功能"帮我更换图片"，如图 6-29 所示。

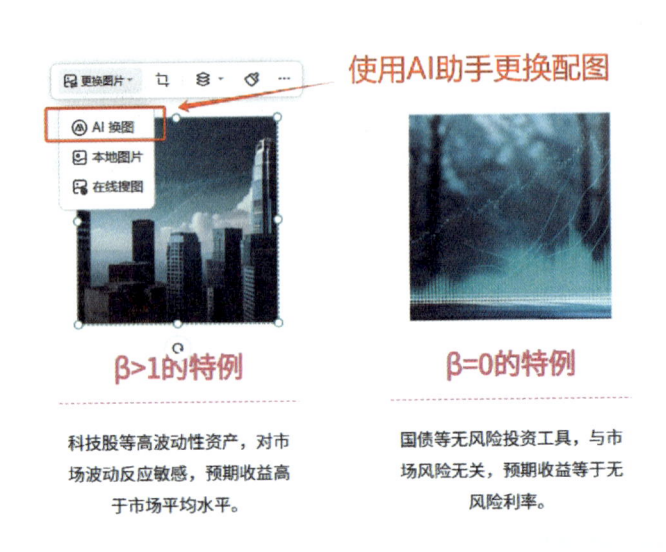

图 6-28　直接对特定图片进行 AI 替换

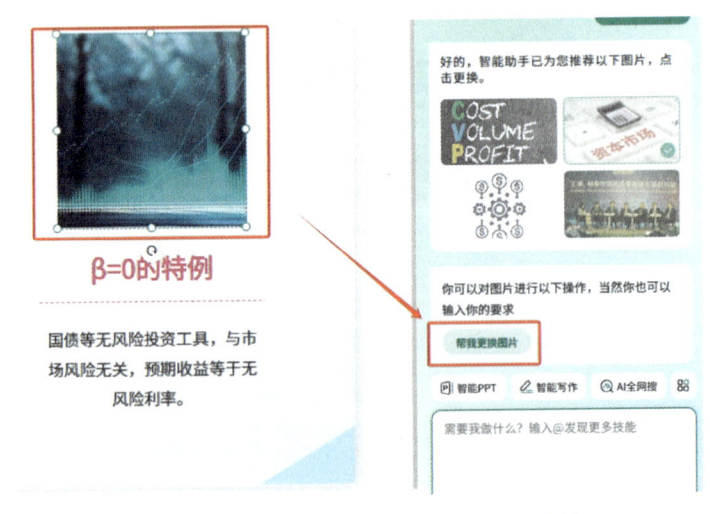

图 6-29　选择图片后使用智能助手进行替换

对页面上所有需要替换的配图完成操作后，整体更换完配图的课件页面如图 6-30 所示，不仅配图的内容与文字表述更加贴合，课件美观度也有一定的提升。

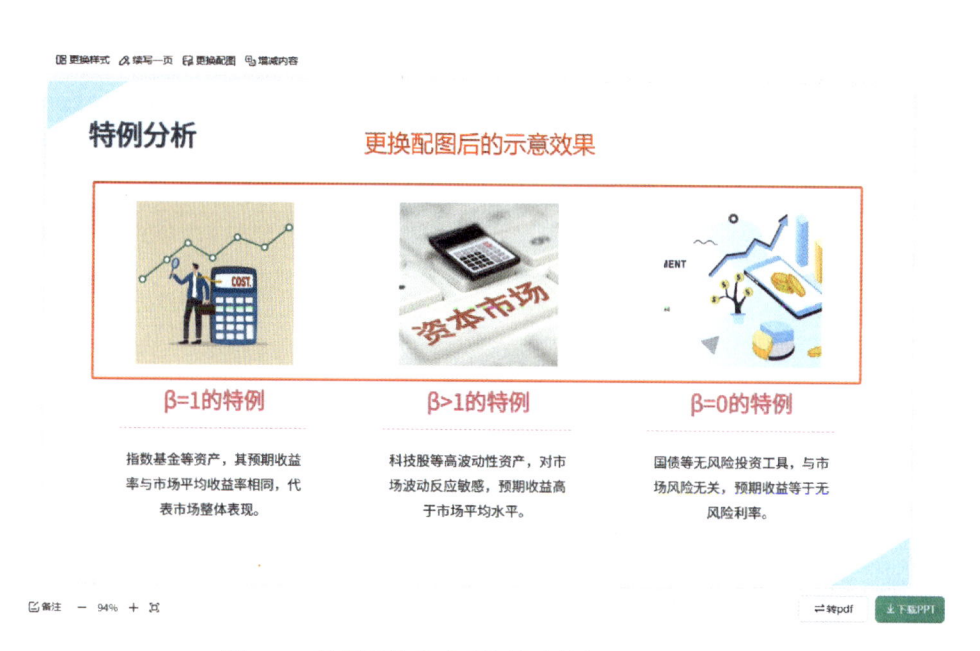

图 6-30　使用智能助手更换单页所有配图后的效果

对于部分页面，如果样式不满足要求，还可以使用"更换样式"的功能对整页 PPT 的样式进行快速替换，如图 6-31 所示。

使用"更换样式"的功能后，智能助手会提供不同的页面风格，读者可以点选不同样式进行快速替换以查看效果（如图 6-32 所示），如果不满意也可以恢复至初始布局。

对于图 6-31 所示的页面，经过整页 PPT 的样式更换后，效果更新为如图 6-33 所示，可以看到页面的文字内容并未变化，但整体风格更加生动美观。

图 6-31　使用智能助手更换页面样式

图 6-32　选择智能助手推荐的页面样式风格

图 6-33　更换课件页面样式后的效果

6.2.4　使用百度文库在线编辑 PPT 课件

除了对 PPT 课件的美化，也可以使用百度文库的智能 PPT 助手对课件内容进行编辑和完善。如果希望某页内容在新一页中继续展开描述，可以使用"续写一页"功能，如图 6-34 所示。

图 6-34　使用百度文库智能助手续写 PPT

选择"续写一页"后，将发送指令给智能 PPT 助手，此时将提示用户输入新 PPT 页面的主要内容，本示例让智能助手在上一页案例分析的基础上增加"风险详细解读"的内容，如图 6-35 所示。

图 6-35　输入新一页 PPT 的主要内容

由于新的一页 PPT 内容需要重新解读内容、联网搜索、生成配图、设定样式，因此会消耗一段时间（约十几秒），同时因为在上一步操作中选择了"DeepSeek-R1"，所以新一页 PPT 的内容是由 DeepSeek 续写生成，如图 6-36 所示。

图 6-36　使用 DeepSeek 进行 PPT 内容续写

按照本示例的续写内容要求，智能 PPT 助手续写后的新一页 PPT 课件内容如图 6-37 所示。

第 6 章　AI 辅助 PPT 课件制作　161

图 6-37　续写后的新一页 PPT 课件内容

如果感觉续写后的新内容需要扩充，可以直接使用"增减内容"的功能进行文字内容项的增加，如图 6-38 所示。

图 6-38　在当前页面增加一项文字内容

增加一项文字内容后，原本的页面样式可能会不适合显示更多内容，因此智能 PPT 助手会在尽量保持原始文字和图片的基础上，进行新的页面样式的智能适配，效果如图 6-39 所示。

图 6-39 增加一项文字内容后智能适配样式

智能 PPT 助手除了可以智能新增页面和新增文字项，还可以快速新增图表和表格。选择空白版式页面后，新增图表和表格的功能位置如图 6-40 所示，由于具体使用方法与常规办公软件相同，本节不再赘述，读者可以自行尝试。

图 6-40 使用智能助手生成 PPT 的图表和表格

第 6 章　AI 辅助 PPT 课件制作　163

对于智能 PPT 助手生成的每一处文字，都可以使用如图 6-41 所示的方法进行文字的改写、扩写、缩写、语气调整，也可以在智能助手中通过指令对文字字体和颜色进行调整，如图 6-42 所示。

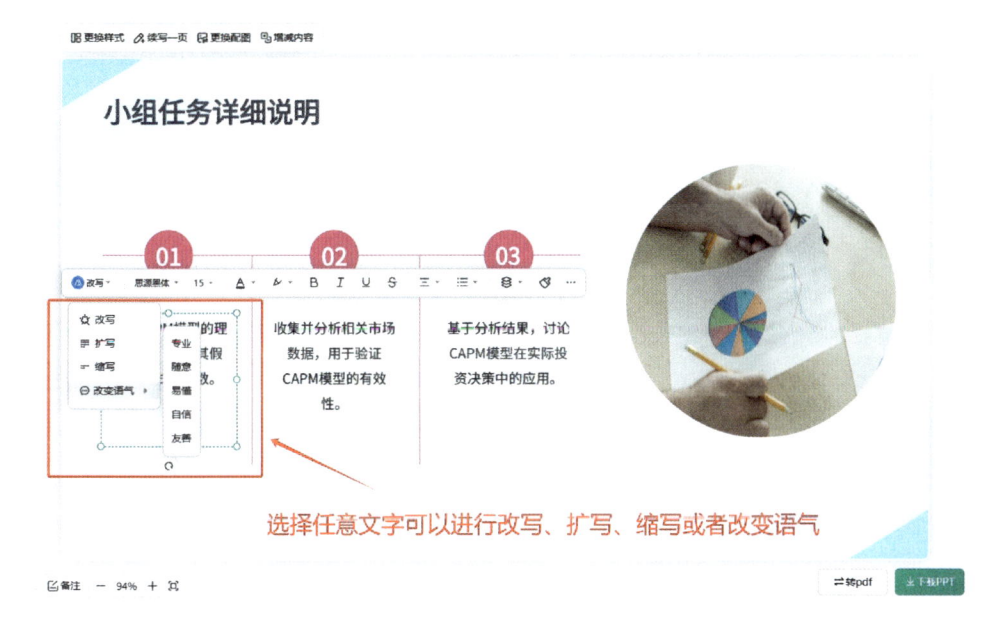

图 6-41　使用 AI 助手对文字内容进行修改完善

图 6-42　使用 AI 助手对文字格式进行调整

当完成了所有的课件美化和编辑修改后，可以选择将课件以 PPT 或 PDF 的格式下载到本地以便后续使用，如图 6-43 所示。

图 6-43　将完成修改后的课件保存至本地

第 7 章
AI 辅助试卷设计与教学总结

本章主要介绍如何使用 AI 助手辅助进行试卷设计、统计并分析学生成绩，在实现教学数据可视化的基础上，快速编写多维度教学总结。示例包括如何生成随堂测试题、期中期末试卷、创建题库以及利用在线平台自动阅卷统计。随堂测试注重知识点覆盖和课堂反馈，期中期末试卷则注重考核难度及综合性，以区分学生的不同学习程度，题库建设考虑了多样化的题型和知识点标签。

AI 辅助教学数据可视化的内容对学生成绩、班级学习情况以及重点知识掌握情况进行可视化展示，例如用思维导图梳理学生对课程知识点的掌握程度，用统计数据图表分析成绩分布等。AI 辅助生成教学总结涵盖了教学数据分析、各类图表生成与总结报告撰写三个环节。教师可通过 AI 助手基于教学总结模板、课程的教学大纲、学生成绩单等文档提取关键信息，并将其转化为直观的图表与结构化报告，以及按照逻辑框架（如问题分析、改进建议）调整教学总结报告内容和后续的教学计划。

本章要点：
- 介绍了 AI 助手在辅助试卷设计中的使用方法
- 结合 AI 工具和图表库，快速实现教学数据可视化分析
- 高效整理和分析教学数据，使用 AI 助手辅助生成教学总结

7.1 AI 辅助试卷设计

7.1.1 使用 DeepSeek 辅助生成随堂测试题

本小节以《数据结构》课程为例，使用普通高等教育本科国家级规划教材《数据结构（第 3 版）》作为素材，针对其中第 5 章"树与二叉树"的课堂教学内容设计提示词，让 AI 助手生成 10 道覆盖相关知识点的随堂测试题目，并且要求包含不同难度层级，如图 7-1 所示。

数据结构随堂测试题设计

随堂测试题格式模板.docx
DOCX 12.64KB

请生成10道《数据结构》随堂测试题，要求知识点聚焦【树与二叉树遍历、性质、应用】包含3道基础概念题（难度★）、4道中等应用题（难度★★）、3道综合题（难度★★★）选项设置需包含典型错误答案。要严格按照模板生成，注意用方括号标注题目类型的用法，不要有空行，难度的标识可以放在答案解析中。

图 7-1 《数据结构》随堂测试题设计

本示例中上传的"随堂测试题格式模板"使用某在线问卷平台的格式，以方便教师随堂分发和自动评分（本例中使用的均为客观题目）。对于提示词使用技巧，需要注意选项的设计"包含典型错误答案"，可以由 AI 助手通过"深度思考"的模式分析学生容易答错的选项，从而加强教学效果，夯实学生的知识掌握基础。随堂测试题格式模板部分节选如图 7-2 所示。

生成完整的试卷后，可以直接导入在线问卷平台，如图 7-3 所示，平台将自动识别题目和答案。

待学生提交作答后，学生本人和教师可以得到实时的成绩反馈，如图 7-4 所示。

数据结构随堂测试题

1、以下哪种数据结构是先进先出的（B）？[单选题]

A、栈

B、队列

C、链表

D、二叉树

解析：队列遵循先进先出（FIFO）原则，栈是后进先出（LIFO）。

2、以下哪些属于非线性数据结构（CDE）？[多选题]

A、数组

B、链表

C、树

D、图

E、堆

解析：树、图和堆均为非线性结构，数组和链表是线性结构。

图 7-2 《数据结构》随堂测试题格式模板（节选）

---

* 8、若二叉树前序为ABDECFG，中序为DBEAFCG，则其后序包含以下哪个片段（）？ [10分]

○ A、DEBFGCA

○ B、DEBFCGA

○ C、DBEFCGA

● D、DEBFGAC (正确答案)

答案解析：（难度★★★）根为A，左子树中序为DBE，前序为BDE，递归构造后序为DEB；右子树同理，总后序为DEBFGAC。

---

* 9、下列哪些场景适合使用二叉搜索树（）？ [10分][多选题]

☐ A、频繁插入删除且无需排序

☑ B、需要快速查找有序数据 (正确答案)

☑ C、数据库索引 (正确答案)

☐ D、实现进程调度

☑ E、字典检索 (正确答案)

答案解析：（难度★★★）二叉搜索树适合有序查找（B、C、E），但频繁增删可能退化为链表（A错误），进程调度通常用队列（D错误）。

图 7-3 将随堂测试题导入在线问卷平台

图 7-4 学生作答并获得实时反馈

教师在学生作答后，可将成绩下载为 Excel 表（如图 7-5 所示）并继续用 AI 助手进行数据分析。数据分析的具体方法将在本章后续内容中详细介绍。

学生序号	用户ID	提交答卷时间	所用时间（秒）	来源	总分	1、二叉搜索树的中序遍历结果一定是（）？	2、完全二叉树的第5层有8个节点，则该二叉树最多有多少个节点（）？
1		3/25	187	微信	70	0	0
2		3/25	176	微信	90	10	10
3		3/25	260	微信	90	10	10
4		3/25	199	微信	80	10	10
5		3/25	235	微信	80	10	10
6		3/25	204	微信	70	10	10
7		3/25	181	微信	80	10	10
8		3/25	152	微信	100	10	10
9		3/25	188	微信	80	10	0
10		3/25	250	微信	70	10	10
11		3/25	152	微信	80	0	10
12		3/25	226	微信	80	10	10
13		3/25	126	微信	60	10	10
14		3/25	190	微信	60	0	10
15		3/25	108	微信	50	0	0

图 7-5 学生的随堂成绩汇总

7.1.2 使用 DeepSeek 辅助生成期中期末试卷

期中或期末试卷与随堂测试的不同点在于，期中期末试卷侧重综合性和区分度，覆盖整个课程核心内容，题型设置上需要有多样性且做一定程度的难度分层。根据这些特性，本小节重新设计 AI 辅助生成试卷的提示词，以符合期中或期末试卷的要求。

需要注意的是，整张试卷生成比较考验 AI 助手的基础能力，即便使用相同提示词，对于不同学科、不同课程在不同 AI 助手上生成的内容也会千差万别，需要教师在实践过程中进行多次尝试找到效果最好的 "AI 助手+提示词" 的搭配。但提示词中的部分核心要素可以通用，例如对于试卷的内容要求提供 "分值" "答题时间" "对应章节" 可以方便教师检查试卷的合理性；另外对于理工科类的试卷，如果涉及公式或符号化表达，建议在提示词中要求 AI 助手使用 "KaTex" 的格式输出，这是一个非常实用的可以在网页中正确显示公式的格式，大部分的 AI 助手应用都已经实现了对该格式的兼容。本示例的提示词和上传教材大纲后的效果如图 7-6 所示。

仅识别附件中的文字

有机化学-教材目录.d...
DOCX 11.1KB

根据大学本科课程教材《有机化学》（参考已上传的文档）中的教学内容生成期末试卷，试卷组成比例包含命名反应（15%）、机理推导（30%）、合成路线设计（40%）、实验分析（15%）；题目需设置干扰项和梯度难度；输出时标明每题分值、预估答题时间、对应教材中的章节；如果遇到化学式，请用KaTex格式输出，不需要boxed标识。

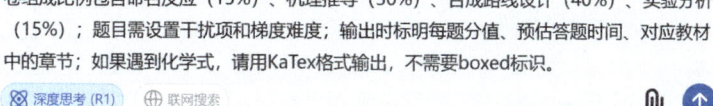

深度思考（R1）   联网搜索

图 7-6　上传教材大纲并让 DeepSeek 生成期末试卷

生成后的期末试卷部分节选如图 7-7 所示，可以看到，在试卷开头设置了总分及考试时长（如果教师对此有定制化需求，可以加入到提示词中重新生成）；同时在每一个组成部分按照提示词规定好的分值比例设定了分数，并对学生答题的时间做了初步预估。对于知识点的结合，也在每道题的开头给出了该知识点结合的教材中的相关章节，如果教师对此有疑问可以参照教材，或者在后续提示词中调整知识点的比例如 "请减少第某章试题" "用第某章新的试题代替第某章的试题" 等提示词来进行后续的调整。

在正常的试卷准备环节，教师通常需要有一个无答案版本的试卷进行印刷及考试，同时配套一个有答案的版本以便阅卷判分。可以在 AI 助手中如下调整修改提示词，快速生成两个版本，如图 7-8 所示（生成效果此处省略）。

有机化学期末试卷

总分：100分 | 考试时间：120分钟

一、命名反应（15分，每题3分，预估时间：15分钟）

1. （教材第6章）以下反应属于哪种类型？
   $CH_3CH_2Br + OH^- \rightarrow CH_3CH_2OH + Br^-$
   A. SN1反应 B. SN2反应 C. E1反应 D. E2反应

2. （教材第8章）以下反应名称是？
   $CH_2 = CH_2 + HBr \rightarrow CH_3CH_2Br$
   A. 自由基加成 B. 亲核加成 C. 亲电加成 D. 消除反应

3. （教材第17章）以下反应常用于芳香环上引入硝基，名称是？
   $Ar-H + HNO_3(H_2SO_4) \rightarrow Ar-NO_2$
   A. Friedel-Crafts烷基化 B. 磺化反应 C. 硝化反应 D. 卤代反应

给 DeepSeek 发送消息

图 7-7　DeepSeek 生成的有机化学期末试卷（节选）

仅识别附件中的文字

有机化学-期末试卷.md
MD 3.19KB

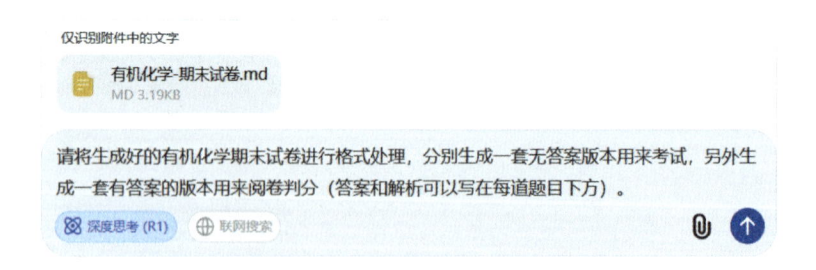

请将生成好的有机化学期末试卷进行格式处理，分别生成一套无答案版本用来考试，另外生成一套有答案的版本用来阅卷判分（答案和解析可以写在每道题目下方）。

深度思考 (R1)　联网搜索

图 7-8　让 DeepSeek 生成有无答案的两个版本试卷

AI 辅助试卷生成后，在使用前可以继续进行试卷合理度评估，例如使用如下提示词统计试卷各模块的分值、题型、难度、知识点覆盖等信息，汇总结果如图 7-9 所示。

> 请给出表格，汇总上面试卷中的模块、分值、题型、难度、知识点覆盖情况，并基于化学专业大学二年级的水平进行试卷合理度的评估。

对于试卷中需要改进的地方，例如"知识点覆盖"，AI 助手也会给出相应的建议，如补充部分章节的知识点，如图 7-10 所示。

试卷模块汇总表

模块	分值	题型	难度	知识点覆盖（教材章节）
命名反应	15分	选择题（5题）	基础	第6章（SN2）、第8章（亲电加成）、第17章（硝化）、第22章（缩合）、第19章（胺制备）
机理推导	30分	简答题（3题）	中等-高	第6章（SN2机理）、第8章（亲电加成机理）、第17章（硝化机理与钝化基团）
合成路线设计	40分	设计题（2题）	高	第10-11章（醇的合成与保护基）、第18章（醛/酮）、第22章（Aldol缩合）
实验分析	15分	选择题+简答（3题）	基础-中等	第12章（IR）、第13章（NMR）、第4章（实验操作）

给 DeepSeek 发送消息

图 7-9 期末试卷各模块汇总

试卷合理度评估

1. 知识点覆盖

- **覆盖章节**：共涉及教材 **12个核心章节**（第4、6、8、10-13、17-19、22章），重点覆盖 **反应机理、合成设计、光谱分析** 等核心内容。
- **缺失章节**：第5章（立体化学）、第14章（醚类）、第23-26章（生物分子与聚合物）未涉及，可能需补充相关题目。

2. 难度梯度

- **基础题**（30%）：命名反应与部分实验分析题，适合检测基本概念。
- **中等题**（40%）：机理推导与部分合成题，需应用知识解决具体问题。
- **高难题**（30%）：复杂合成设计，考察综合能力与创新思维。
- **梯度合理**，符合大二学生从记忆到应用的学习阶段。

给 DeepSeek 发送消息

图 7-10 DeepSeek 对期末试卷给出的知识点补充建议

在试卷合理度评估的最后部分，AI 助手会进行总体打分，同时在知识覆盖度、题型多样性、分值设定等维度给出合理的建议，教师可根据具体课程情况和学生课堂反馈进行相应的试卷调整，如图 7-11 所示。

总结与改进建议

- **合理度**：总体设计合理，符合大二有机化学教学目标，但需补充 **立体化学**、**生物分子** 相关内容。
- **改进方向**：
  1. 增加 **1-2题** 覆盖第5章（立体化学）或第23章（碳水化合物）。
  2. 在实验分析中增加 **简答题**（如解释光谱数据与结构的关联）。
  3. 调整合成题分值（可降至35分），补充 **机理题多样性**（如E2反应或自由基机理）。

最终评分：⭐⭐⭐⭐ (4/5)

图 7-11 DeepSeek 对期末试卷的总结与改进建议

试卷评估结束后，如果教师认为难度适中且设计合理，可以让 AI 助手进行快速的 A/B 卷复刻。如果是相同题目顺序不同，可以在提示词中直接使用"按照试卷内容生成顺序不同的 B 卷，不要改变题目"，该方法相对简单不再赘述；如果是需要更换同等难度的不同题目，需要在提示词中加入明确要求，如图 7-12 所示（生成结果此处省略）。

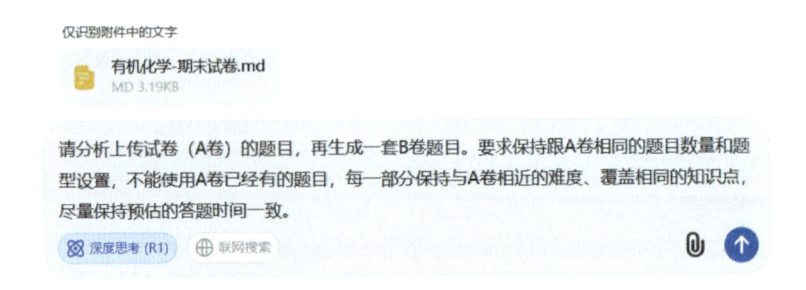

图 7-12 让 DeepSeek 生成一套难度相近的 B 卷题目

7.1.3 使用 DeepSeek 辅助创建课程题库

本节以国际经济与贸易专业的必修课程《计量经济学》为例，构建可用于随堂测试及期中期末考试的课程题库。

与前两小节中直接生成试题和试卷不同，考虑到题库构建的专业性，这里需要 AI 助手先进行题库构建的方案准备，上传《计量经济学》教材内容（大纲即可无需全文）并输入提示词，如图 7-13 所示。

图 7-13　上传教材内容并引导 AI 助手进行题库构建准备

经过梳理后的方案中，较为重要、同时也是在后续步骤中继续用到的是如图 7-14 所示的题型设计和分值建议。

图 7-14　题库构建前梳理好的题型设计和分值建议

教师在使用过程中可以将此步 AI 生成的回答复制保存（注意保存完整的《计量经济学课程题库构建方案》），也可以在同一对话中继续使用提示词提炼题库表头。

> 生成 Excel 表头，参考上述题库构建方案中的各个维度，支持按【题型+难度+章节+知识点+分值+预估学生答题时间】组合筛选。

这一步会根据上文生成的《计量经济学课程题库构建方案》，生成一个方便用各个维度筛选题目的表头，如果使用 DeepSeek 等不支持表格下载的 AI 助手，读者可以直接将生成的表头内容复制粘贴到 Excel 或 WPS 软件中用于生成表格，如图 7-15 所示。

已深度思考（用时 29 秒）

以下是支持组合筛选的Excel表头设计（字段按列排列）：

题目ID	题型	难度等级	章节编号	章节名称	知识点	分值	预估答题时间（分钟）	备注
-	选择题/填空题/简答题/计算题/案例分析题	基础/中等/较高	1~7	如"第一章 绪论""第五章 时间序列模型"	如"OLS估计量的无偏性条件""格兰杰因果关系检验"	1~10	1~30	特殊说明或标签

图 7-15　AI 辅助生成的题库表头（可复制为 Excel 格式）

为了方便读者理解和使用该题库表头，这里对各列稍作解释：

- 题目 ID：唯一标识，便于题目管理（可自动编号）。
- 题型：通过数据验证设置下拉菜单（选择题/填空题/简答题/计算题/案例分析题）。
- 难度等级：通过数据验证设置下拉菜单（基础/中等/较高）。
- 章节编号：1 到 7，对应教材章节，支持按数字排序。
- 章节名称：与章节编号联动，避免手动输入错误（可通过公式或数据验证引用）。
- 知识点：自由填写或预置教材核心知识点列表，支持关键词筛选。
- 分值：数字范围（1 到 10），支持按区间筛选。

- 预估答题时间：数字范围（1 到 30 分钟），支持按时间范围筛选。
- 备注：记录特殊要求（如"需使用 EViews 操作""结合中国案例"）。

在上述题库构建方案和题库表头的基础上，可以使用 AI 助手继续生成具体题目，输入的提示词如图 7-16 所示。

> 参照刚才生成的《计量经济学》课程题库构建方案和Excel表头设计，生成具体的题目填充该表头下的内容。具体信息为：以【第三章】中的【任意2个】知识点设计【5道】题目，题型为【任意】，难度为【基础或中等】，总分值为【10分到20分】，预估总答题时间为【不限】，特殊要求为【无】。
> 输出格式要求：严格按表头格式输出，题目ID为升序整数。

给 DeepSeek 发送消息

图 7-16　使用 DeepSeek 按照题库设计方案和表头生成题目

提示词模板中方括号中的内容读者可以根据情况自行修改，通过使用不同的"章节""题目数量""题目分值"等限定条件，多次操作，逐步生成完整题库。生成的题库如图 7-17 所示（已整理为 Excel 和 PDF 格式），展示了部分题库内容。

1. **题目ID 1**（选择题）：
   下列哪项不属于多元线性回归模型的基本假设？
   A. 解释变量间无多重共线性
   B. 随机误差项服从正态分布
   C. 解释变量与随机误差项相关
   D. 随机误差项均值为零

2. **题目ID 2**（填空题）：
   在满足基本假设的条件下，OLS估计量具有_____性和_____性。
   （答案：无偏、有效）

3. **题目ID 3**（简答题）：
   简述多元线性回归模型中F检验的主要用途，并写出检验步骤。

4. **题目ID 4**（计算题）：
   给定以下数据（表格略），建立三元线性回归模型 $Y = \beta_0 + \beta_1 X_1 + \beta_2 X_2 + \beta_3 X_3 + u$，使用OLS方法估计参数，并计算调整后的拟合优度 $\bar{R}^2$。

5. **题目ID 5**（简答题）：
   如何利用参数的置信区间判断变量的显著性？请结合假设检验原理说明。

图 7-17　使用 DeepSeek 生成的题库（节选）

当教师需要使用该题库进行试卷制作时，需要配套同步填充好的 Excel 表头（在上一步中 AI 助手已经在输出内容中同步提供），如图 7-18 所示。

题目ID	题型	难度等级	章节编号	章节名称	知识点	分值	预估答题时间（分钟）	备注
1	选择题	基础	3	第三章 多元线性回归模型	多元线性回归模型的基本假设	2	2	-
2	填空题	基础	3	第三章 多元线性回归模型	OLS估计量的统计性质	2	3	-
3	简答题	中等	3	第三章 多元线性回归模型	F检验的用途与步骤	5	10	-
4	计算题	中等	3	第三章 多元线性回归模型	多元线性回归模型的参数估计（OLS）	6	15	需展示计算过程
5	简答题	中等	3	第三章 多元线性回归模型	变量显著性检验的置信区间方法	5	10	-

图 7-18　配套生成的题目清单（已保存为 Excel 格式）

在本示例中，图 7-17 和图 7-18 中的"题目 ID"是一一对应的，使用者可以根据 Excel 中的各项维度进行筛选后，将符合要求的题目元信息（如题目 ID、难度、知识点等）进行保存，再连同图 7-18 中的题目完整内容（无须删减）上传至 AI 助手，输入如下提示词让 AI 助手按要求制作试卷。本节考虑篇幅原因，使用一次快速随堂测验作为示例，如图 7-19 所示。

计量经济学随堂测验生成(基于题库)

计量经济学-课程题库-题目....
PDF 198.71KB

计量经济学-课程题库-清单....
XLSX 10.9KB

请根据上传文档中的计量经济学课程题库的清单和题目，生成一个随堂测验，题目数量为【3】，难度为【基础或中等】，注意两个文档中题目ID的对应关系。

图 7-19　上传题库的题目内容和筛选后的题目清单

基于 DeepSeek 生成的效果如图 7-20 所示，需要注意的是，如题库中并未给出题目答案，DeepSeek 会基于自身的知识给出建议答案，教师在使用过程中需人工核对答案的正确性和完整性。

> 🧠 已深度思考（用时 50 秒）

计量经济学随堂测验（基础/中等难度）

题目数量：3

1. 题目ID 1（选择题，基础）

下列哪项不属于多元线性回归模型的基本假设？

A. 解释变量间无多重共线性
B. 随机误差项服从正态分布
C. 解释变量与随机误差项相关
D. 随机误差项均值为零

答案：C

---

2. 题目ID 2（填空题，基础）

在满足基本假设的条件下，OLS估计量具有_____性和_____性。

答案：无偏、有效

---

3. 题目ID 5（简答题，中等）

如何利用参数的置信区间判断变量的显著性？请结合假设检验原理说明。

参考答案：
若参数的置信区间不包含零，则拒绝原假设（参数为零），认为变量显著；若包含零，则不拒绝原假设。例如，95%置信区间若为 $[0.5, 2.3]$，则 $\beta \neq 0$，变量显著。

图 7-20　DeepSeek 基于题库生成的随堂测验和参考答案

从图 7-20 中可以看出，AI 助手根据提示词的要求"数量 3""基础或中等难度"经过分析后最终选择了 1 号、2 号和 5 号题目，随着教师个人题库的逐渐扩充，题目生成的多样性和随机性将得到逐步提升。

7.2　AI 辅助教学数据可视化

7.2.1　使用 DeepSeek 生成数据表格

对于教学过程中的各类数据，可以使用 AI 助手快速生成数据表格方便进行教学情况的分析。本小节使用 AI 助手生成《高等数学》期末考试成绩分段统计表，包含各分数段人数、百分比、与往届对比等数据。使用的示例数据为 2024 级（主分析）和 2023 级（往届）学生考试数据，脱敏后数据如图 7-21 所示。

	A	B	C	D
1	学号	姓名	年级	分数
2	3024	学生	2024级	74
3	302	学生	2024级	94
4	302	学生	2024级	69
5	302	学生	2024级	79
6	3024	学生	2024级	82
7	3024	学生	2024级	79
8	3024	学生	2024级	68
9	3024	学生	2024级	81
10	302	学生	2024级	76
11	302	学生	2024级	73
12	302	学生	2024级	68

图 7-21　使用《高等数学》的期末成绩作为样例数据

上传脱敏后的 2024 级和 2023 级学生成绩 Excel 文件，并使用如下提示词要求 AI 助手进行分析，如图 7-22 所示。

高等数学期末成绩统计对比分析

📄 高等数学-期末成绩(2023级...　📄 高等数学-期末成绩(2024级...
　　XLSX 9.66KB　　　　　　　　　XLSX 9.64KB

请将2024级《高等数学》期末成绩处理为对比数据表格：
按[0-59]、[60-69]、[70-79]、[80-89]、[90-100]分段统计人数及占比。添加对比列，对比2023级数据。自动计算平均分、标准差、对异常低分的学生进行特殊标识。

图 7-22　分析 2024 级期末成绩并与往届对比

对 2024 级学生《高等数学》的期末成绩分析表格生成如图 7-23 所示。

按照提示词的要求，除了各分数段占比外，AI 助手还会给出统计指标及异常学生的标识，如图 7-24 所示。

第 7 章　AI 辅助试卷设计与教学总结　179

图 7-23　高等数学期末成绩分析结果

图 7-24　高等数学期末成绩统计指标及异常标识

7.2.2　使用 DeepSeek+ECharts 制作雷达图

在成绩分析的环节，使用课程成绩对比雷达图进行分析可以获得非常直观的结果。本小节对比《大学物理》三个平行班级（A/B/C 班）在力学、电磁学、光学、热学、近代物理五大模块的平均成绩差异。本例中使用的脱敏后的学生成绩单如图 7 25 所示。

在 AI 助手中上传 A、B、C 三个班级的成绩单后，使用如下提示词要求 AI

助手进行成绩雷达图的制作，如图 7-26 所示。

	A	B	C	D	E	F	G
1				A班成绩单			
2	学号	力学/30	电磁学/30	光学/20	热学/10	近代物理/10	总分/100
3	A01	28	26	18	8	7	87
4	A02	29	25	19	9	8	90
5	A03	27	24	17	7	6	81
6	A04	26	27	16	8	7	84
7	A05	30	28	20	9	9	96
8	A06	25	22	15	6	5	73
9	A07	28	23	18	7	7	84
10	A08	27	26	19	7	8	87

图 7-25　脱敏后的大学物理期末成绩单（节选 A 班部分学生）

三个班级物理成绩雷达图生成

📄 大学物理-期末成绩B.xlsx　　📄 大学物理-期末成绩C.xlsx　　📄 大学物理-期末成绩A.xlsx
XLSX 5.6KB　　　　　　　　　　XLSX 5.54KB　　　　　　　　　　XLSX 5.56KB

生成三个班级成绩对比雷达图，所有图输出为可运行的ECharts格式：
五个维度：力学/电磁学/光学/热学/近代物理
每条轴线范围0-100分（标注及格线60分虚线）
用不同颜色填充三个班级数据（A班蓝色/#1E90FF、B班橙色/#FF8C00、C班绿色/#32CD32）
在图表下方添加说明：
标出各班级优势模块（如：A班电磁学领先XX分）
显示班级间最大分差模块（如：光学模块B班比C班低XX分）

图 7-26　让 DeepSeek 根据三个班级成绩单制作雷达图

这里要说明的是，由于示例中选用的 AI 助手（DeepSeek-R1）截至本书成稿时尚未提供直接绘制复杂图表的能力，因此本示例引入了一个外部图表绘制工具——ECharts。普通用户无需理解其中原理，只需要简单地在提示词中要求 DeepSeek 使用"ECharts 格式"进行图表展示即可。如果 AI 助手成功调用 ECharts 图表库，会在"深度思考"中以及生成的网页结果中显示如图 7-27 所示的代码。

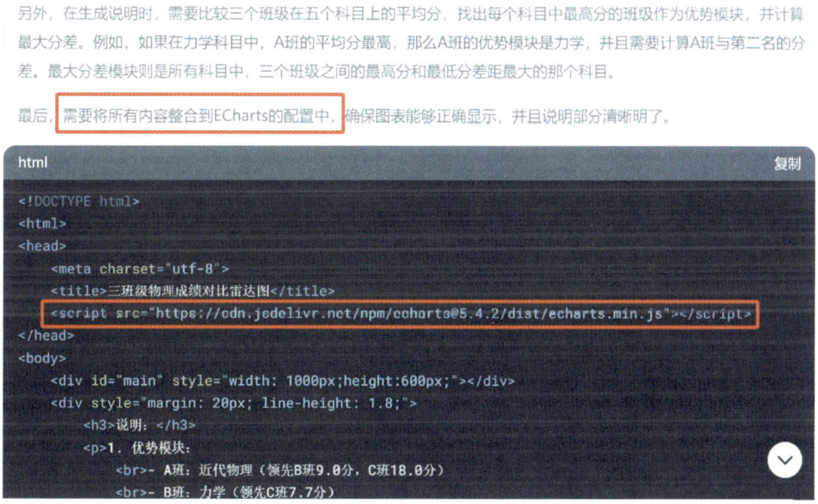

图 7-27　DeepSeek 调用 ECharts 绘制图表

作为非计算机专业的使用者，此处无需关心生成的代码，直接使用 DeepSeek 提供的"运行 HTML"功能即可看到最终的雷达图效果（如果产生空白内容，请读者检查自身网络是否可以顺利访问 ECharts 的图表库，网址为 https://cdn.jsdelivr.net/npm/echarts），如图 7-28 所示。

运行 HTML 后，三个班级的大学物理期末成绩对比雷达图如图 7-29 所示。

在该页面的末尾（雷达图下方），AI 助手也给出了一些数据分析，如各班级的优势模块和最大分差模块，教师可以根据自身分析需求在提示词中自行添加，结果如图 7-30 所示。

三个班级物理成绩雷达图生成

```html
        chart.setOption(option);
    </script>
</body>
</html>
```
▶ 运行 HTML

关键实现逻辑： 点击这里可直接查看效果

1. **数据转换**：将原始分数按科目满分转换为百分比（如力学30分→100分制），再计算班级平均分；
2. **雷达图配置**：
   - 五维度坐标轴范围0-100，通过 `splitLine` 设置60分虚线；
   - 用半透明颜色填充区域（颜色代码带80透明度）；
3. **说明标注**：
   - 优势模块：对比各班级模块平均分，A班在近代物理优势显著；
   - 最大分差：计算各模块分差后取最大值（A班与C班在近代物理相差18分）。

直接运行此HTML文件即可生成交互式雷达图，支持缩放和悬停查看数值。

图 7-28　使用 DeepSeek 的运行 HTML 功能查看雷达图

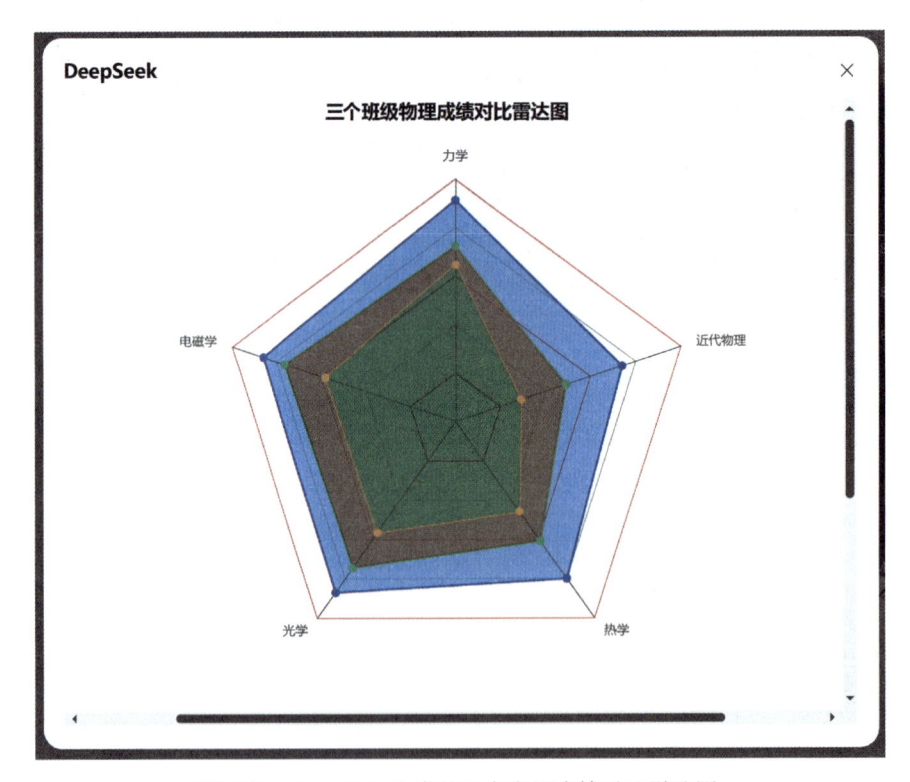

图 7-29　DeepSeek 生成的三个班级成绩对比雷达图

说明:

1. 优势模块:
- A班: 近代物理（领先B班9.0分，C班18.0分）
- B班: 力学（领先C班7.7分）
- C班: 无显著优势模块

2. 最大分差模块: 近代物理（A班比C班高18.0分）

图 7-30　DeepSeek 对三个班级成绩的简要分析

7.2.3　使用 DeepSeek+ProcessOn 制作思维导图

在教学过程中，如需要提前关注和预警某学生个体的知识掌握情况，并与班级能力做思维导图的对比，可以使用如图 7-31 所示的提示词（以《数据结构》课程班级中某学生（脱敏学号 006）与班级整体在各知识点的能力对比为例）。

根据上传的《数据结构》课程平时成绩，创建 006 号学生的平时成绩与全班平均的对比思维导图，用于教师分析知识点掌握情况，要求使用【Markdown 格式】输出。以下是详细要求：
中心节点：【学生 006 vs 班级平均】
一级分支（六个核心知识点，每项满分 10 分）：
【线性表/栈与队列/树结构/图结构/排序算法/查找算法】
每个知识点下设置二级分支：
【正确率对比、易错知识点分析、学习建议】
可视化要求：
个人数据用蓝色节点，班级平均用灰色节点
落后平均分超过 15% 的节点添加警示图标

此处上传的文件为该学生（006 号）所在班级整体的《数据结构》课程平时成绩，其中包括线性表、栈与队列、树结构、图结构、排序算法、查找算法共六个评分维度，待分析学生的成绩用红框标出，部分内容节选如图 7-32 所示。

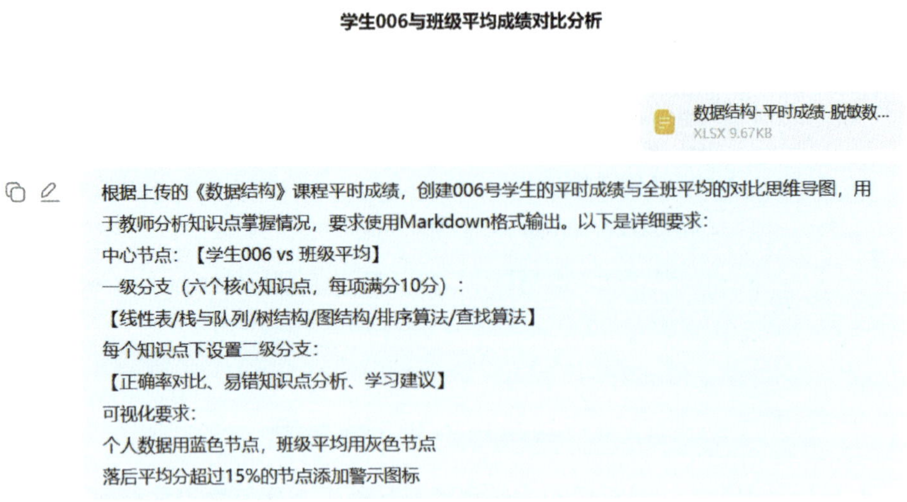

学生006与班级平均成绩对比分析

> 📎 数据结构-平时成绩-脱敏数...
> XLSX 9.67KB

根据上传的《数据结构》课程平时成绩，创建006号学生的平时成绩与全班平均的对比思维导图，用于教师分析知识点掌握情况，要求使用Markdown格式输出。以下是详细要求：

中心节点：【学生006 vs 班级平均】

一级分支（六个核心知识点，每项满分10分）：

【线性表/栈与队列/树结构/图结构/排序算法/查找算法】

每个知识点下设置二级分支：

【正确率对比、易错知识点分析、学习建议】

可视化要求：

个人数据用蓝色节点，班级平均用灰色节点

落后平均分超过15%的节点添加警示图标

图 7-31　要求 DeepSeek 根据平时成绩生成知识能力思维导图

	A	B	C	D	E	F	G
1	数据结构平时成绩							
2	学号	线性表	栈与队列	树结构	图结构	排序算法	查找算法
3	302▇▇4001	4	9	8	5	6	4
4	302▇▇4002	8	8	8	6	5	8
5	302▇▇4003	6	4	6	5	8	8
6	302▇▇4004	4	8	9	6	9	10
7	302▇▇4005	9	8	6	7	6	6
8	302▇▇4006	4	5	5	8	4	7
9	302▇▇4007	5	7	10	5	7	8
10	302▇▇4008	8	8	8	8	8	10

图 7-32　示例中上传的平时成绩得分表（节选）

经过"深度思考"后，AI 助手会按照要求生成符合思维导图制作的 Markdown 格式的内容。此处如果选用多模态 AI 助手，也可以直接生成并下载思维导图格式的图片。由于本例中使用的 DeepSeek 官方版本暂不支持直接生成思维导图,因此可以复制 Markdown 格式的内容导出至在线思维导图工具生成思维导图,复制方法如图 7-33 所示。

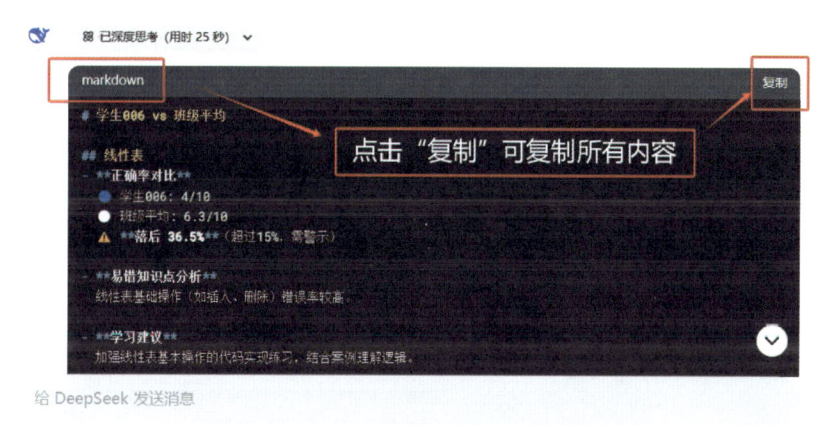

图 7-33 复制 Markdown 格式的思维导图内容

在线思维导图工具多数都提供直接导入 Markdown 格式的功能,本例使用 ProcessOn 平台生成思维导图(https://www.processon.com/),步骤如图 7-34 所示。读者也可以选取其他类似平台,导入方法基本相同。

图 7-34 新建思维导图后将 Markdown 内容直接粘贴

生成的思维导图如图 7-35 所示，其中的知识节点和易错分析、学习建议等内容，教师可根据学生学习情况进行再次编辑。

图 7-35　DeepSeek+ProcessOn 最终生成的思维导图效果

从图 7-35 中可以看到，对于成绩单中的六个知识点维度，AI 助手在该名学生落后较多（低于平均分 15% 以下）的部分给出了警示符号，同时也标识出了该名学生掌握较好的知识点（本例中显示为"高于平均""接近平均"）。

7.3　AI 辅助生成教学总结

7.3.1　使用 DeepSeek 辅助分析教学数据

在本节中，将使用国内某高校生命科学学院本科生专业必修课《生物化学》为例，使用 AI 助手辅助生成教学总结。读者先要按照本书前述章节完成教学大纲的制作，同时下载学校教务处提供的教学总结编制模板，以保证格式及内容符合要求。为方便展示效果，本节使用的《生物化学》理论课和实验课的教学大纲如图 7-36a 和图 7-36b 所示。

课程中文名称	生物化学
课程英文名称	Biochemistry
开课单位	生命科学学院
授课语言	英文
先修课程	普通化学和有机化学（可以与该课程同学期修）。如果同学有物理化学的基础，则更为理想
课程中文简介	本课程聚焦于主要家族生物分子（包括蛋白质、核酸、糖和脂类）的化学特征，以及生物代谢——提供细胞所需能量和原材料的化学反应。主要涉及的内容包括蛋白质（包括酶）、糖、核酸（DNA 和 RNA）、脂类的结构和功能；生物能量学；糖酵解、戊糖磷酸途径和糖异生；代谢调控；柠檬酸循环和氧化磷酸化；糖原、脂肪酸、氨基酸和核苷酸的代谢；哺乳动物代谢的激素调节和整合，等等

a)《生物化学》理论课程教学大纲

课程中文名称	生物化学实验
课程英文名称	Biochemistry Lab
开课单位	生命科学学院
授课语言	中文
先修课程	生物化学
课程中文简介	生物化学实验是与生物化学理论课配套的基础实验课程，该课程面向生命科学学院全体本科生、化学与分子工程学院及其他学院部分本科生，双学位或辅修本科生，每学年学生约 100 余人。课程内容包括生物大分子的分离纯化、定量测定及性质鉴定，涉及的实验技术有生物大分子的制备技术、光谱分析技术、层析分离分析技术、电泳技术以及超速离心技术等。学生学习使用的生化仪器有离心机、可调式移液器、蛋白质电泳装置、蛋白质半干转印仪、蛋白-核酸检测仪及记录仪、分光光度计、酶标仪等。随着生物化学理论和

b)《生物化学》实验课程教学大纲

图 7-36 上传的《生物化学》教学大纲（节选）

配合学校提供的或教师自行编制的教学总结模板，将两门课程的教学大纲共同上传至 AI 助手，并使用如下提示词进行初步的教学总结填充，如图 7-37 所示。

由于在本阶段并未上传学生成绩，所以 AI 助手仅能根据教学内容，自动填写教学总结模板中的已知内容，以 2024 到 2025 学年度第一学期的教学为例，生成的教学总结如图 7-38 所示。

生物化学课程教学总结

生物化学-教学总结模板.md MD 3.62KB
生物化学理论课程.pdf PDF 787.43KB
生物化学实验课程.pdf PDF 769.41KB

根据上传文档中生物化学的理论课程、实验课程的教学大纲，按照上传的教学总结模板进行内容填充，以2024到2025学年度为例。涉及成绩分析的内容请留空并进行特殊标识。

图 7-37　使用 DeepSeek 初步填充教学总结

《生物化学课程》教学总结

(2024-2025学年第1学期)
授课教师：XXX

一、课程基本信息

1. **课程名称**：生物化学（课程代码：　　　　）
   - **理论课**：生命科学学院本科生专业必修课
   - **实验课**：生命科学学院本科生专业必修课
2. **授课对象**：生命科学学院生物科学专业2024级本科生
3. **学时安排**：
   - **理论课**：64学时（含期中考试2学时）
   - **实验课**：64学时（含安全培训8学时、综合实验48学时、讨论与测验8学时）
4. **课程性质**：专业必修课
5. **考核方式**：
   - **理论课**：课堂测验10% + 期中考试45% + 期末考试45% + 科学问题额外加分
   - **实验课**：实验预习10% + 实验操作40% + 实验报告40% + 课堂纪律10%

给 DeepSeek 发送消息

图 7-38　DeepSeek 初步生成的教学总结

对于教学总结中成绩相关的分析，需要继续上传脱敏后的学生成绩。本例中上传的学生理论成绩和实验成绩如图 7-39 所示，图 7-39a 为全班理论课成绩，图 7-39b 为全班实验课成绩。

第7章 AI辅助试卷设计与教学总结

学号	课堂测验(10%)	期中考试(45%)	期末考试(45%)					总分(100%)
			蛋白质结构与功能(10%)	酶动力学与调控(10%)	糖代谢(8%)	脂类代谢(10%)	氧化磷酸化(7%)	
3024049001	8.5	40	9.2	8.8	7.5	9.0	6.5	89.5
3024049002	9.0	38	8.5	9.2	7.0	8.5	6.8	87.0
3024049003	7.8	42	9.5	8.5	7.8	9.2	6.0	90.8
3024049004	6.5	35	7.0	7.5	6.5	7.8	5.5	75.8
3024049005	9.5	44	9.8	9.5	8.2	9.5	7.0	95.5
3024049006	80	37	8.0	8.2	7.2	8.0	6.2	84.6
3024049007	7.2	39	8.8	8.0	7.0	8.2	6.5	85.7
3024049008	9.2	43	9.0	9.0	8.5	9.0	6.8	93.5
3024049009	6.8	32	6.5	6.8	5.5	6.5	5.0	68.1
3024049010	8.8	41	9.0	8.5	7.8	8.8	6.5	90.6

a)《生物化学》理论课程成绩单

学号	实验预习(10%)	实验操作(40%)			实验报告(40%)	课堂纪律(10%)	总分(100%)
		生物大分子分离纯化(15%)	蛋白质检测技术(15%)	酶活力测定(10%)			
3024049001	9.0	14.2	13.8	9.5	38.5	9.5	94.5
3024049002	8.5	13.5	14.0	9.0	37.0	9.0	91.0
3024049003	9.5	14.5	14.5	9.8	39.0	9.8	97.1
3024049004	6.0	10.5	11.0	7.5	30.0	7.0	70.0
3024049005	9.8	15.0	14.8	10.0	40.0	10.0	99.6
3024049006	8.0	13.0	13.2	8.5	37.0	8.5	87.2
3024049007	7.5	12.8	12.5	8.0	34.0	8.0	80.8
3024049008	9.2	14.8	14.2	9.5	38.5	9.5	95.2
3024049009	5.5	9.5	9.0	6.5	28.0	6.5	64.5
3024049010	9.0	14.0	14.0	9.2	37.5	9.2	92.9

b)《生物化学》实验课程成绩单

图 7-39 上传的《生物化学》课程成绩单（节选）

作为示例，使用如下提示词对教学总结中的数据进行分析，例如根据理论和实验课程的成绩，进行双维度的数据分析，查看成绩分布、理论和实验相关度以及是否有异常成绩，如图 7-40 所示。

> 生物化学实验课程-成绩单.x
> XLSX 10.47KB
> 生物化学理论课程-成绩单.x
> XLSX 10.74KB
>
> 请根据成绩单生成双维度成绩分析图，图表使用ECharts绘制：
> X轴：理论成绩（0-100），Y轴：实验成绩（0-100）
> 按成绩中位数用四分位法划分四个象限（高理论高实验/低理论高实验等）
> 为便于查看，请合理设定主原点的小数坐标，让大部分学生成绩显示于整张图标中央区域
> 添加趋势线方程和R^2值，以便分析理论课成绩和实验课成绩相关度
> 突出显示实验成绩大幅高于理论成绩的异常点（标红色）

图 7-40 使用 DeepSeek 生成双维度成绩分析

如本章前述示例，此处依然使用 DeepSeek+ECharts 的组合方式来生成复杂数据分析图表，生成的图表如图 7-41 所示。

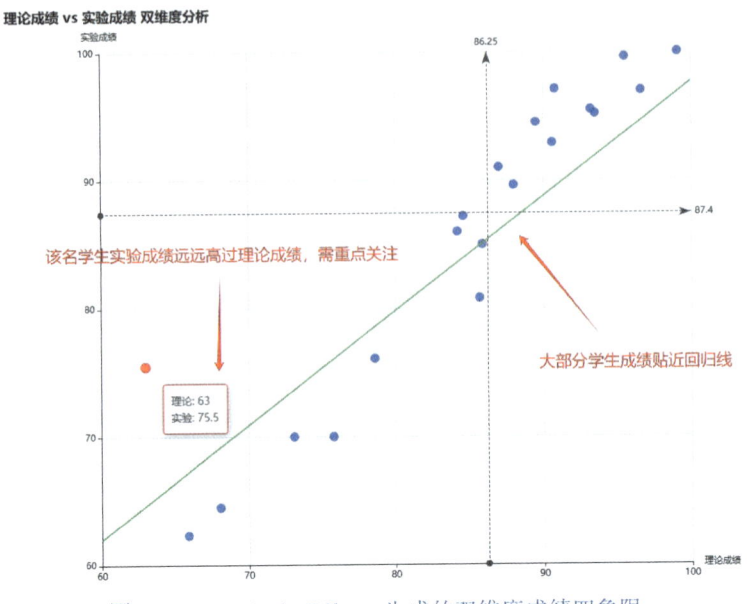

图 7-41　DeepSeek+ECharts 生成的双维度成绩四象限

对于图 7-41 中的数据总结分析，AI 助手也会给出相应解释：
- 数据预处理：合并两表成绩数据，标记实验成绩显著高于理论成绩的异常点（差值>10 分）。
- 坐标轴范围：设定 X/Y 轴范围为 60~100，使数据集中在图表中央。
- 四分位划分：通过中位线（理论 86.25 分，实验 87.4 分）划分四个象限。
- 趋势线：显示回归方程 y=0.892x+8.45，$R^2=0.845$ 表明强正相关。

作为教师在使用该图表进行教学总结和数据分析时，可以佐证该班级学生的理论成绩与实验成绩呈现强正相关（$R^2=0.845$），但存在个别学生实验能力显著优于理论学习（红色异常点），需要特别关注。

7.3.2　使用 DeepSeek 生成各类教学分析图表

对于各类教学数据，如果仅仅使用传统的 Excel 公式进行分析，通常需要花较长时间。本小节介绍一个通用的教学分析图表生成方法，以便于快速整理和分析各类教学数据。如图 7-42 所示，可以在 ECharts 的官方网站（https://echarts.apache.org）浏览所有的可视化图表类型，选定合适的样式后，再结合 AI 助手来设计特定的提示词，生成图表。

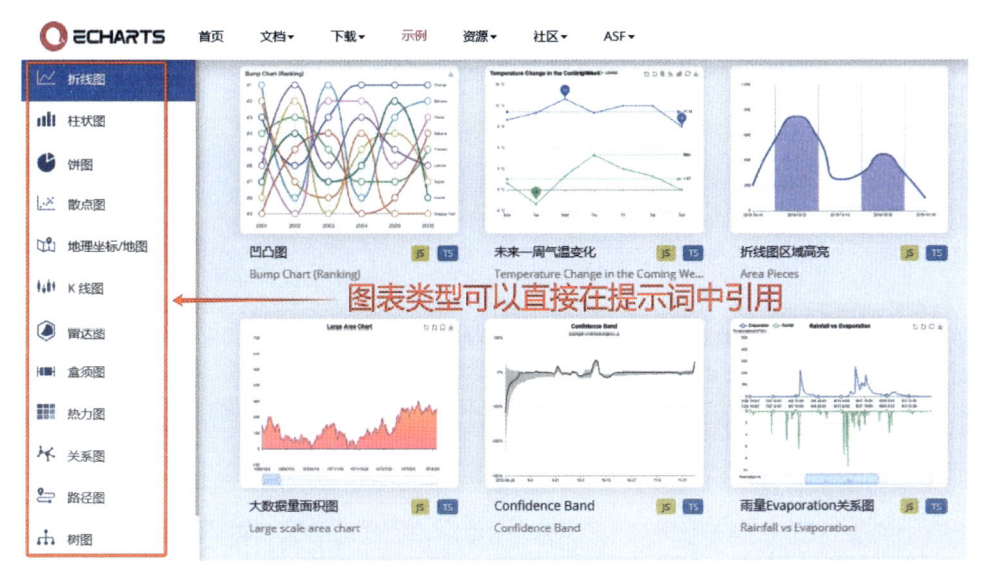

图 7-42　ECharts 官方网站提供的图表样例

本示例选择"堆叠面积图"来分析《生物化学》课程中全班期末考试里各个知识点的得分占比情况。先从 ECharts 示例页面选择如图 7-43 的图表类型。

图 7-43　在 ECharts 示例页面选择堆叠面积图

在图表详情页面，读者无须关心具体的使用方法和代码编写，只需要点击下方的"下载示例"（如图 7-44 所示），即可获得名为"area-stack.html"的示例文件。

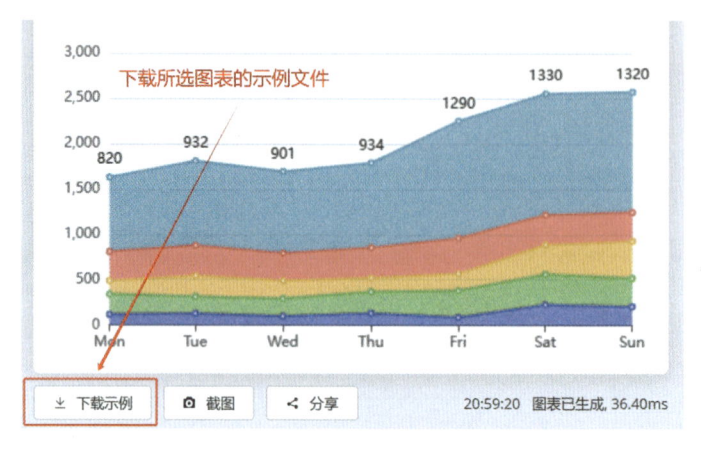

图 7-44　下载堆叠面积图的示例文件

在原有上下文的对话中，上传教师需要分析的学生成绩单"生物化学理论课程-成绩单.xlsx"和刚才下载的堆叠面积图示例文件"area-stack.html"，并使用如下提示词，让 AI 助手根据学生的期末成绩绘制可用于教学分析的堆叠面积图，如图 7-45 所示。

图 7-45　上传待分析的成绩单和图表示例文件

最终生成的期末成绩堆叠面积图如图 7-46 所示（如前文所述，需要点击运行 HTML 查看效果），其中横轴以所有学生的学号作为标识，纵轴为期末成绩分数（已按教学大纲要求进行 45% 比例加权）。

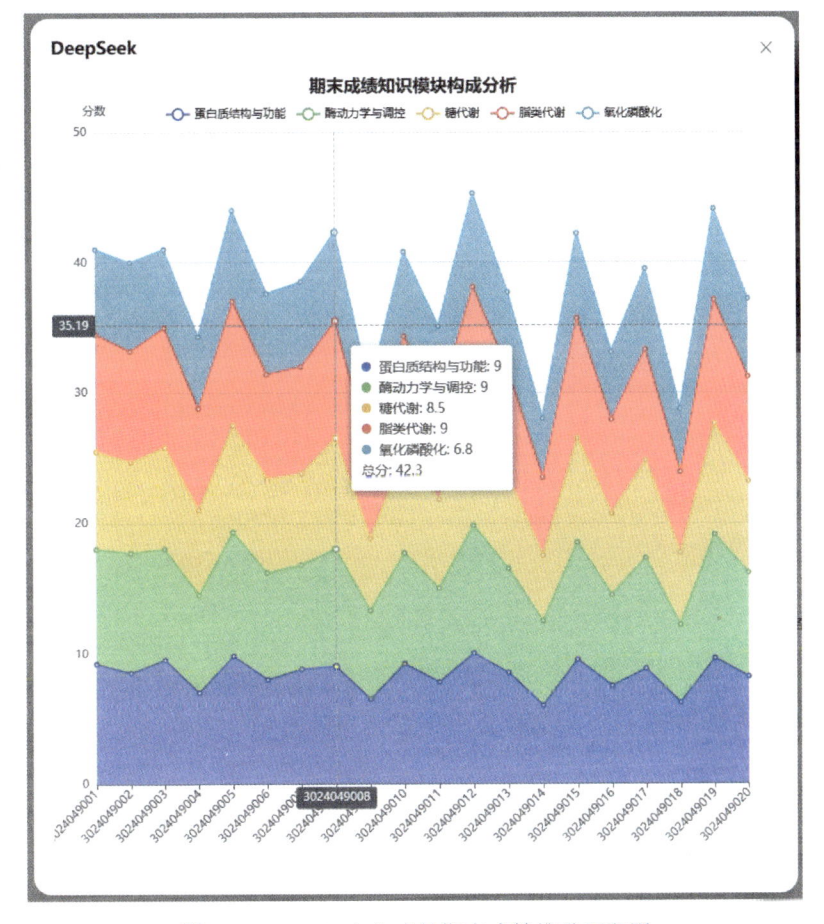

图 7-46　DeepSeek 生成的期末成绩堆叠面积图

当鼠标移动到某一个成绩点时，会展示该名学生的成绩详情。如图所示，学号末尾 "9008" 的学生，除展示其期末加权分数总分 42.3 外，还用不同颜色标出了其重点知识模块如蛋白质结构与功能、酶动力学与调控、糖代谢、脂类代谢、氧化磷酸化的具体分数，从堆叠面积图可以直观看出不同学生对于不同知识模块的掌握程度。

对于理论课及实践课的主要知识点，也可以通过可视化图表的形式，分析学生在各个知识点上的学习情况，例如使用如图 7-47 所示的南丁格尔玫瑰图进行分析。

194　你的智能教学助手：应用 AI 工具高效辅助教学

图 7-47　选择 ECharts 示例中的基础南丁格尔玫瑰图

同样按照前述方法，下载其示例文件"pie-roseType-simple.html"，连同学生成绩单一起上传至 AI 助手，并使用如下提示词要求 AI 助手生成图表，如图 7-48 所示。

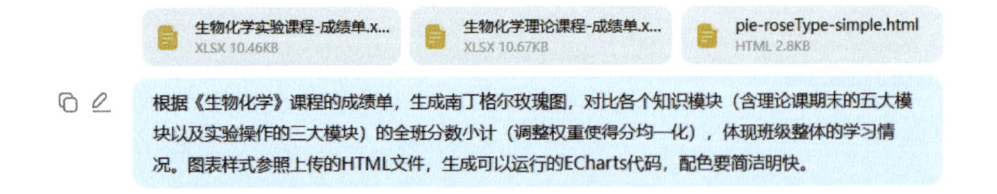

图 7-48　上传成绩单和玫瑰图示例文件

生成的图表如图 7-49 所示，可以根据图中不同知识模块对应的面积大小，非常直观地分析全班在生物化学课程中各维度知识的掌握情况。

如图所示，全班在"糖代谢（理论）"模块表现最佳，实验操作中"生物大分子分离纯化"和"蛋白质检测技术"掌握较好，酶相关的知识模块（酶动力学与调控、酶活力测定）需要重点加强。

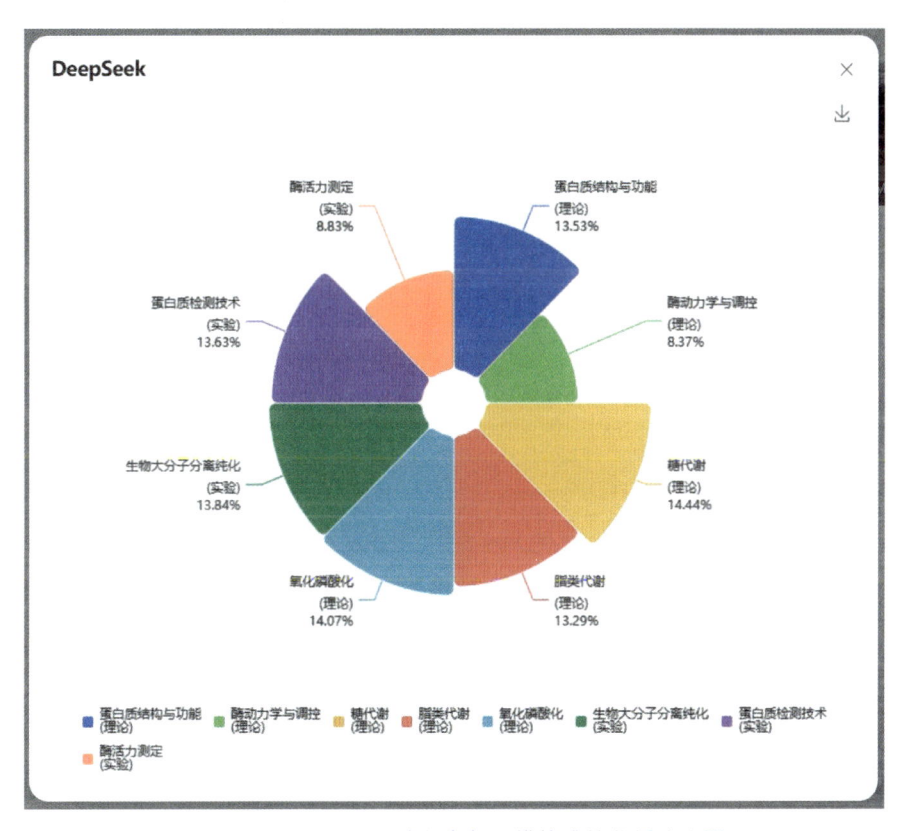

图 7-49　DeepSeek 生成的各知识模块成绩分析玫瑰图

7.3.3　使用 DeepSeek 辅助生成教学总结报告

本小节将使用前述内容中使用的《生物化学》教学大纲、成绩单以及各类已经生成完毕的分析数据、分析图表，汇总至一篇完整的教学总结报告。所用素材的清单如下：

- 教学总结模板（可更换为学校要求的模板）。
- 课程教学大纲（示例采用《生物化学》的理论课+实验课教学大纲）。
- 学生成绩单（理论成绩+实验成绩，包含重点知识模块得分）。

- 教学数据分析图（四象限图、堆叠面积图、玫瑰图）。
- 随堂测试、学生反馈及其他教学过程记录（在线文档形式，示例中省略）。

上传好相关文件素材后，使用如下提示词让 AI 助手辅助生成教学总结报告，如图 7-50 所示。

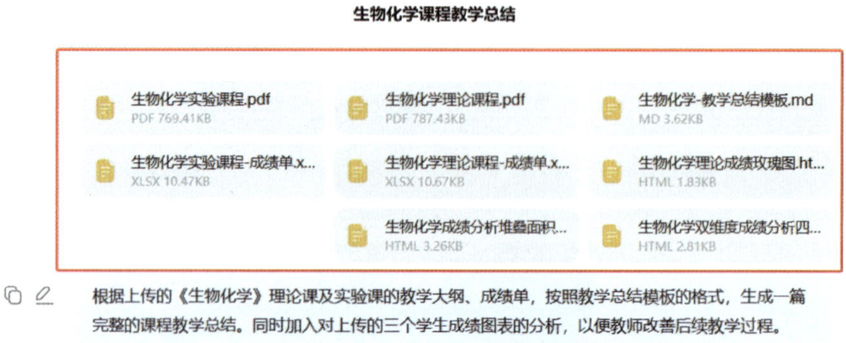

图 7-50　上传教学中的文件素材并生成教学总结

由于完整的教学总结内容较长，本示例摘取部分内容进行展示和分析，第一部分"课程基本信息"与前文一致，不做过多赘述，第二部分"教学目标达成度分析"如图 7-51 所示。

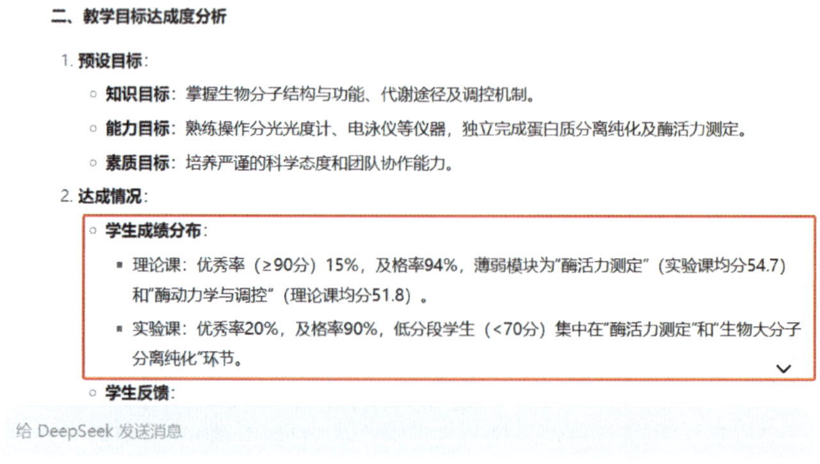

图 7-51　DeepSeek 生成的教学目标达成度分析

与前述教学总结大纲不同，本示例补充了学生成绩单，因此 AI 助手在教学目标达成度环节，对于学生成绩分布做了概要分析。例如对于全班整体成绩，薄弱模块为"酶活力测定"和"酶动力学与调控"，而针对实验课中，低分段集中在"酶活力测定"和"生物大分子分离纯化"。

对于"学生学习情况分析"的部分，AI 助手的分析报告如图 7-52 所示。

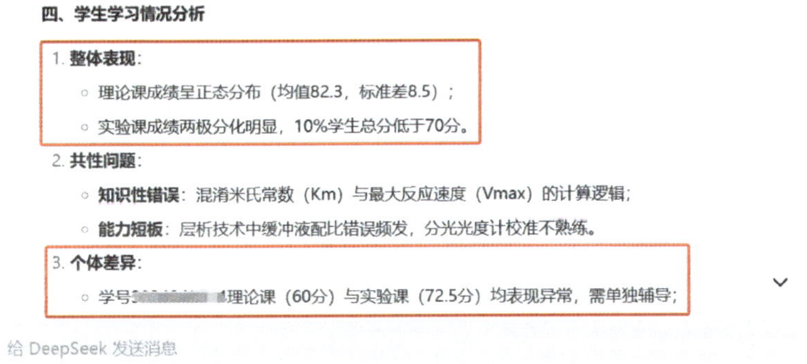

四、学生学习情况分析

1. 整体表现：
   - 理论课成绩呈正态分布（均值82.3，标准差8.5）；
   - 实验课成绩两极分化明显，10%学生总分低于70分。

2. 共性问题：
   - 知识性错误：混淆米氏常数（Km）与最大反应速度（Vmax）的计算逻辑；
   - 能力短板：层析技术中缓冲液配比错误频发，分光光度计校准不熟练。

3. 个体差异：
   - 学号3██████理论课（60分）与实验课（72.5分）均表现异常，需单独辅导；

给 DeepSeek 发送消息

图 7-52 DeepSeek 生成的学生学习情况分析

AI 助手分别对班级整体和学生个体差异做出了分析，其中理论课成绩分布正常，但实验课存在两极分化的现象；对于某个体学生其理论课与实验课的分差过大（前文制作四象限图的异常成绩点），需要特殊关注。

在"存在问题与改进方向"的部分，AI 助手的分析如图 7-53 所示。

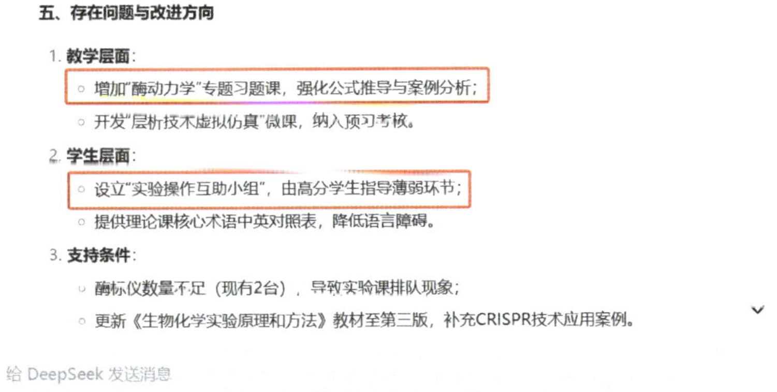

五、存在问题与改进方向

1. 教学层面：
   - 增加"酶动力学"专题习题课，强化公式推导与案例分析；
   - 开发"层析技术"虚拟仿真"微课，纳入预习考核。

2. 学生层面：
   - 设立"实验操作互助小组"，由高分学生指导薄弱环节；
   - 提供理论课核心术语中英文对照表，降低语言障碍。

3. 支持条件：
   - 酶标仪数量不足（现有2台），导致实验课排队现象；
   - 更新《生物化学实验原理和方法》教材至第三版，补充CRISPR技术应用案例。

给 DeepSeek 发送消息

图 7-53 DeepSeek 生成的存在问题与改进方向

此处的分析结论与前文"教学目标达成度分析"中的薄弱知识模块保持了一致，建议针对酶相关的知识点增加专题课程。同时对于"学生学习情况分析"中提到的实验课成绩两极分化现象，也给出了设立实验操作互助小组的改进方向，覆盖了教学层面和学生层面。

在"未来教学优化计划"中，AI 助手给出了方法创新和考核改革的建议，如图 7-54 所示。

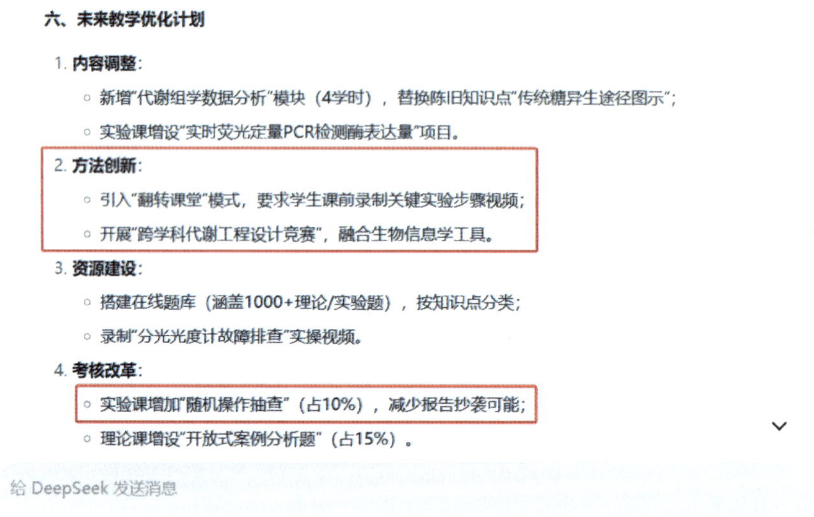

六、未来教学优化计划

1. **内容调整**：
   - 新增"代谢组学数据分析"模块（4学时），替换陈旧知识点"传统糖异生途径图示"；
   - 实验课增设"实时荧光定量PCR检测酶表达量"项目。

2. **方法创新**：
   - 引入"翻转课堂"模式，要求学生课前录制关键实验步骤视频；
   - 开展"跨学科代谢工程设计竞赛"，融合生物信息学工具。

3. **资源建设**：
   - 搭建在线题库（涵盖1000+理论/实验题），按知识点分类；
   - 录制"分光光度计故障排查"实操视频。

4. **考核改革**：
   - 实验课增加"随机操作抽查"（占10%），减少报告抄袭可能；
   - 理论课增设"开放式案例分析题"（占15%）。

给 DeepSeek 发送消息

图 7-54　DeepSeek 生成的未来教学优化计划

从方法创新角度，AI 助手提出了引入"翻转课堂"的新模式以及对于生物信息学工具的融合；从考核改革的角度，则是给出了增加实验课程随机操作抽查的建议，针对的也是前述异常的学生成绩点（实验成绩大幅高于理论成绩），减少实验报告的抄袭。

按照提示词的要求，AI 助手也在最后"图表分析及教学建议"中总结了本示例上传的 3 个数据图表，如图 7-55 所示。

对于各个图表的分析结果，读者可以自行对照前文的相关内容查看，其中对教学改进有较大指导意义的内容如：南丁格尔玫瑰图反映学生在酶相关的知识点能力不足，需增加"米氏方程"动态模拟工具辅助教学；堆叠面积图建议开设"代谢通路思维导图"工作坊，强化逻辑梳理能力；四象限图表明理论实验成绩呈强正相关，且多数学生能平衡理论与实践，个别异常学生需要排查具体情况。教师可以根据 AI 助手的辅助分析结果，来调整和改进自身的教学计划。

九、图表分析及教学建议

1. 玫瑰图分析：
- "酶活力测定"（实验课）与"酶动力学与调控"（理论课）得分最低（均<55%），反映学生酶学知识应用能力不足，需增加"米氏方程"动态模拟工具辅助教学。

2. 堆叠面积图分析：
- 低分段学生（如██████）在"氧化磷酸化"模块得分普遍低于5分，建议开设"代谢通路思维导图"工作坊，强化逻辑梳理能力。

3. 四象限图分析：
- 理论-实验成绩呈强正相关（$R^2=0.845$），但学号██████（理论60分，实验72.5分）为异常点，需排查其理论课学习障碍；
- 中位线以上学生占65%，表明多数学生能平衡理论与实践，可鼓励其参与科研项目。

给 DeepSeek 发送消息

图 7-55　DeepSeek 生成的图表分析及教学建议

第 8 章
打造 AI 智能体助力教学创新

本章主要探讨如何利用 AI 智能体（AI Agent）技术助力教学创新。在前几章中，已经介绍了 AI 辅助课程设计、PPT 课件制作、多媒体创作等应用场景。本章将进一步深入介绍如何构建和定制专属于教育场景的 AI 智能体，这些智能体具备更强的主动性、自主决策能力和任务执行能力，可以作为教师的"数字助教"或"虚拟教师"，为教育教学带来更多可能性。

本章将系统介绍 AI 智能体的概念与优势，分析其在教学中的应用场景，并通过基于 Manus、扣子 Coze、Dify 等 AI 智能体平台的实践案例，指导读者完成从 0 到 1 的智能体构建。同时，还将探讨如何利用腾讯 ima、Cherry Studio 等工具构建个人 AI 知识库，以及如何开发智能教案生成助手。

本章要点：
- 介绍 AI 智能体的概念、特点及其在教育领域的优势与应用场景
- 探讨主流 AI 智能体平台（如 Manus、扣子 Coze、Dify 等）的功能特性及使用方法
- 指导教师如何基于 AI 智能体平台创建"虚拟教师"辅助教学
- 详解如何构建教师个人 AI 知识库，包括在线知识库和本地知识库的搭建方法
- 示例讲解如何开发定制化的智能教案生成助手

8.1 什么是 AI 智能体

8.1.1 AI 智能体和工作流

1. AI 智能体的定义与本质

AI 智能体（AI Agent）简称智能体，可以被理解为一个能够自动执行特定任务的智能助手。与传统的 AI 模型不同，AI 智能体不仅能够理解和生成信息，还能够主动采取行动，执行具体的任务，因此可以被视为真正的"数字员工"。从技术角度来说，AI 智能体本质上是"用大模型操控工具完成任务"的系统。

在这一框架中，大模型充当智能体的"大脑"，负责理解、规划和决策；而各种工具则是智能体的"四肢"，用于执行具体的操作和任务。正是有了这些工具插件，大模型才能真正"动起来"，从纯粹的思考转变为能够直接与外部世界交互、改变物质世界的能力。正如人类需要通过手、脚等肢体与世界互动一样，AI 智能体也需要通过各种工具与数字世界甚至物理世界进行交互。

简单来理解，AI 智能体 = 大模型+工具。大模型是大脑，工具是四肢，有了工具插件，AI 智能体真正可以动起来，有了直接改造物质世界的能力，而不是原地思考。

2. AI 智能体的架构

AI 智能体的架构通常由核心——智能体和围绕这一核心的多种能力组成，形成一个完整的认知-行动系统。一个完整的 AI 智能体系统包含如图 8-1 所示的关键组成部分。

（1）AI 智能体

作为系统的核心，相当于一个智能的指挥中心。它整合内部和外部资源，协调各种工具和能力，执行从简单到复杂的各类任务。

（2）工具能力

智能体可以调用各种工具，使其能够完成特定的操作。主要包括：

- 知识图谱：存储结构化的知识和概念关系。
- 搜索引擎：获取实时的网络信息。

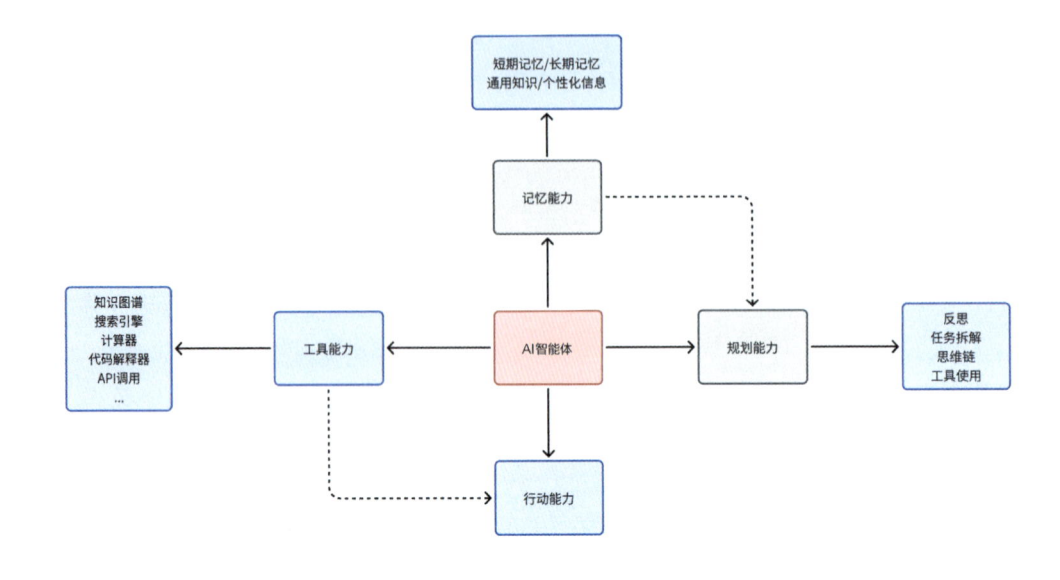

图 8-1　AI 智能体系统架构图

- 计算器：进行数学运算。
- 代码解释器：执行和分析程序代码。
- API 调用：与外部系统和服务交互。

例如，当用户询问"今天上海的天气如何？"，智能体会调用天气 API 获取最新的气象数据；而当用户需要解决一个复杂的数学问题时，智能体则会调用计算器工具来执行精确计算。

（3）记忆能力

智能体的信息存储系统分为两类：

- 短期记忆：用于临时存储当前对话的上下文、决策逻辑、工具选择记录和执行过程。例如用户刚刚提出的问题、临时计算的结果等。
- 长期记忆：存储历史对话记录、用户偏好和通用知识库。这使得智能体能够在多次交互中保持连贯性，并利用过往经验优化服务。

例如，一位教师让智能体协助设计一系列课程。在首次对话中，智能体了解了教学目标和学生特点；在后续对话中，智能体无须重新询问这些基本信息，而是直接从长期记忆中调取，并基于此提供连贯的课程设计建议。

（4）规划能力

智能体的思考和策略制定过程，包括：反思与自我评估、任务分解与优先级排序、工具选择与使用策略。

例如，面对"帮我分析近期股市走势并提出投资建议"这一复杂请求，智能体会先拆解任务（收集数据、分析趋势、考虑风险因素、形成建议），然后确定需要调用的工具（搜索引擎、计算器、绘图工具），最后一步步执行并整合结果。

（5）行动能力

执行具体任务的操作能力，是智能体与外部世界交互的关键接口。

例如，用户请求"帮我订一张明天下午2点从北京到上海的机票"，智能体会调用旅行预订API，按照用户要求完成实际的机票预订操作。

这种多层次、多能力的架构使AI智能体能够处理从简单查询到复杂决策的各类任务，实现真正的智能辅助和自动化执行。

3. 工作流的定义与特点

工作流是指一系列任务或步骤的组织和执行方式，用于描述在特定业务或项目中的工作过程。一个完善的工作流具有明确的输入、处理流程和预期输出，通常按照预定义的规则和条件有序进行，确保任务的完整性和一致性。

工作流的主要特点包括：

- 有序性：各个步骤按照特定顺序执行。
- 规则性：每个环节都有明确的执行条件和标准。
- 可追踪性：每个步骤的执行过程和结果可以被记录和追溯。

以网上购物为例，一个完整的工作流包含以下步骤：

1）浏览商品：用户打开购物网站或应用，搜索并查看商品详情。

2）加入购物车：选择心仪商品，设置数量和规格，将商品加入购物车。

3）下单流程：确认购物车中的商品，填写收货地址和联系方式，点击"提交订单"下单。

4）支付环节：选择支付方式（信用卡、移动支付等），完成付款。

5）商家处理：商家接收订单信息，确认库存，打包商品。

6）物流配送：快递公司接收包裹，通过物流网络将商品送达目的地。

7）确认收货：用户收到商品后，确认商品状态和质量，点击"确认收货"完成收货。

8)评价反馈(可选):用户可以对商品和服务进行评分和评价。

这个过程展示了工作流的核心特征:每一步都有明确的任务定义和执行条件,步骤之间存在依赖关系(必须完成前一步才能进行下一步),整个流程有清晰的开始和结束点。如果某一环节未完成,比如用户没有支付,后续步骤(发货、配送等)将无法执行,体现了工作流的有序性和规则性。

4. 搭载工作流的 AI 智能体

将梳理好的工作流串联起来,并以大模型作为"大脑"进行指挥和调用,就可以实现"让 AI 替我们干活"的目标。这种结合创造了一种新型的自动化系统,既具备 AI 的智能决策能力,又拥有工作流的规范执行特性。

在特定场景下,根据已知的输入内容和预期的输出要求,可以设计出一套"智能产线",通过工作流自动化生产出符合要求的产物。这种方法特别适用于那些有明确流程但需要智能判断的任务,如自动化客服、智能文档处理、个性化内容生成等。

5. AI 智能体与工作流的应用场景

AI 智能体通过工作流可应用于智能客服、数据分析、个性化学习、内容创作和营销自动化等场景。从接收处理客户问题、执行数据分析到生成个性化学习方案、创作内容和精准营销,覆盖从客户服务到内容生产的全流程。这些应用实现了业务流程的智能化,提高效率的同时降低人力成本。

通过大模型的调用,几乎所有流程化的业务都可以被赋能。只要有配套的接口和数据,AI 应用就能实现落地。智能体+工作流的组合正在开创一个新的 AI 应用模式,使得过去需要大量人力的工作能够实现智能自动化,极大提高了效率并降低了成本。

8.1.2 AI 智能体的教学应用场景与价值

人工智能与教育的深度融合,使得教育智能体已成为人工智能教育应用领域的重要研究方向,在教学、科研、管理中的应用已显现成效。以下为国内外高校和相关机构对教育 Agent 的研发与应用案例。

1. AI 智能体典型的教学应用场景

(1)中国人民大学"人大公管的 AI 学长"

中国人民大学推出了新生攻略智能体——"人大公管的 AI 学长",以人工智能技术帮助学生获取一手求学信息。传统的新生信息获取方式存在诸多问题：信息渠道分散，获取信息耗时耗力，难以保证准确性与时效性。对教师而言，迎新工作时间紧、任务重，学生问题多样，逐一解答效率低。

"人大公管的 AI 学长"依托大模型的底层能力，深度融合了官方校园手册、公众号内容、学生分享、学院资讯等海量资料，根据高校风格设定智能体的人设与角色，化身校园百事通，解答专业学习、校园生活、学术科研、个人发展等各方面疑惑，帮助学生快速适应校园生活。

（2）上海海事大学"海事超级智能体"

上海海事大学从自身航运物流海洋特色出发，采取"自建大模型+引用 AI 服务"的模式，自研海事超级智能体。该智能体能根据需求自主判断、决策、分解子任务，并与业务系统、专业知识库、海事垂直大模型及互联网交互分析，构建校级统一 AI 服务平台。通过视频知识点提取和知识图谱构建辅助学生学习；为教师生成教学资源并提供智能出题与批改；对接校内管理系统实现数据智能分析与可视化；支持学术资源检索与论文撰写辅助；提供多语言翻译服务促进国际交流。这一智能系统全面赋能教学、科研与管理，打造特色智慧校园生态。

（3）Khanmigo（可汗学院）

Khanmigo 是基于 GPT-4 开发的 AI 智能体，作为学生的虚拟导师提供个性化指导，并能作为教师助手协助课程规划。其典型应用场景包括：解决数学问题时引导学生思考解题步骤；帮助学生理解视频内容；通过让 AI 扮演文学作品中的角色与学生进行对话，创新文学学习方式。

（4）Cogniti.ai（悉尼大学）

Cogniti.ai 是悉尼大学教育创新团队开发的项目，让教师能够构建定制化的智能体。其主要特点包括：精确控制 AI 与学生的互动方式；为 AI 提供丰富多样的资源支持；确保所有学生平等获取 AI 资源；深入了解学生与 AI 的互动情况并融入教学实践。

2. AI 智能体在教育场景中的应用价值

智能体的引入正逐步改变教育领域的多个方面，通过对国内外高校和教育机构智能体应用案例的分析，可以总结出以下几个关键应用价值。

（1）教学辅助

智能体能够有效减轻教师工作负担。例如，教学资源生成、作业设计与批改、个性化教学支持，实时问题解答等。

（2）学习支持

智能体为学生提供全方位的学习支持，促进自主学习和个性化发展。例如，知识获取与答疑、个性化学习路径、学习过程监控，跨学科知识整合等。

（3）科研辅助

智能体在科研过程中发挥多重辅助作用。例如，文献检索与分析、数据处理与分析、学术写作支持等。

（4）管理服务

在教育管理与服务领域，智能体也发挥着重要作用。例如，行政事务处理、信息咨询服务、跨语言沟通支持、资源调度优化等。

8.1.3　AI 智能体平台介绍

在人工智能持续发展的背景下，AI 智能体平台作为新一代 AI 应用开发工具，正迅速改变着我们构建智能应用的方式。在进入具体平台介绍前，需要说明的是，目前 AI 智能体开发平台百花齐放，各有特色，本节将从功能特性、开发门槛、优势与特色、应用场景等维度对扣子（Coze）、Dify、Manus 三个平台进行详细对比介绍，帮助教师了解并选择适合教学和科研需求的 AI 智能体平台。

1. 平台选型维度

选择 AI 智能体平台时，需要全面评估多个关键因素：平台的功能完备性（多模态支持、知识库管理等）；开发门槛高低及对非技术人员的友好程度；定制灵活性与二次开发能力；数据安全保障措施；与现有系统的集成能力；社区活跃度和文档支持；商业模式与定价策略。综合考量这些因素，才能选择最适合特定需求的 AI 开发平台。

以上维度可作为评估各 AI 智能体平台的基础框架。

2. 扣子（Coze）平台

Coze 是字节跳动推出的 AI 智能体开发平台，可以理解为字节跳动版的 GPTs。无论用户是否有编程经验，都可以通过该平台快速创建各种类型的聊天机器人、智能体、AI 应用和插件，并将其部署在社交平台和即时聊天应用程序中，如飞书、微信公众号、豆包等。Coze 欢迎页如图 8-2 所示。

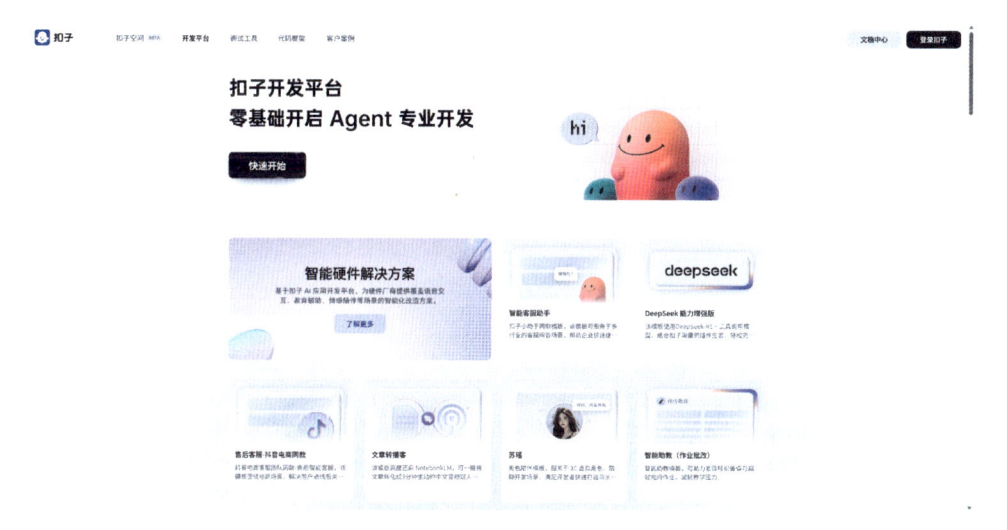

图 8-2　Coze 欢迎页

（1）核心功能特点

Coze 提供了非常多的插件工具，涵盖新闻、旅行、生产力工具和图像理解等领域；还具备知识库功能，使智能体能与用户上传的本地数据进行交互；拥有长期记忆功能，能存储与用户的关键对话内容；用户可以创建定时计划任务，轻松构建工作流将创意转化为智能体的技能。

（2）优势与特色

Coze 采用无代码开发模式，用户无须编程基础即可通过拖拽配置快速构建智能体；提供覆盖图像、文本、搜索、数据分析等多种类型的插件，在提升能力的同时还大大简化了上手的难度；创建的智能体可发布至 Coze 商店、豆包、飞书、抖音、微信等多个平台。除此之外，Coze 还推出了其全新的 AI 协同办公平台——扣子空间（Coze Space），旨在成为用户与 AI 智能体协同办公的最佳场所，通过 AI 智能体帮助用户更高效地完成各种复杂任务，实现从回答问题到解决问题的全方位服务。

（3）应用场景

Coze 平台适用于多种场景：基于大模型的 AI 客服、知识助理等聊天机器人；用于生成爆款文案、分析热门内容的互联网运营工具；思维导图、Excel 助手、PPT 生成等效率工具；小说、诗歌、论文写作助手；英文学习、翻译、编程学习等教育类应用。

3. Dify 平台

Dify 是一个开源的生成式 AI 应用开发平台，能够帮助用户快速构建和部署基于大语言模型的应用程序，支持多种主流模型，如 DeepSeek 和 Ollama，用户可以根据需求灵活选择。Dify 提供零代码和低代码的开发方式，通过简单的配置和少量代码，即可实现复杂功能，降低了 AI 应用开发的门槛。Dify 欢迎页如图 8-3 所示。

图 8-3　Dify 欢迎页

（1）核心功能特点

Dify 提供低代码/无代码开发环境，通过可视化界面让用户通过拖拽和配置定义提示词和上下文；平台采用模块化设计，每个模块功能和接口清晰；其丰富的功能组件包括 AI 工作流可视化构建、基于大模型推理能力的智能体，以及支持数百种专有和开源大模型的模型管理。同时，Dify 集成了多种内置工具（如谷歌搜索、DALL·E 等），并支持自定义工具开发。

（2）优势与特色

作为开源平台，Dify 的核心优势在于强大的私有化部署能力，确保数据隐私和安全。通过插件系统，平台实现多模态能力，增强大模型处理多媒体内容的能力。Dify 支持实时编辑节点调试，开发者可在开发过程中实时优化 AI 应用。平台提供从智能体构建到 AI 工作流编排、模型管理等全链路一站式服务。

（3）应用场景

Dify 适用于多种场景：基于大语言模型的对话助手，能与用户进行自然语言交互；专注于各类创意写作、文本分类、翻译等文本生成任务；具备对话能力、任务分解、推理和工具调用等高级能力的智能代理；根据用户定义流程执行任务的工作流程；提供全天候客户服务的对话机器人。

4. Manus 平台

Manus 是蝴蝶效应公司推出的全球首款通用型 AI 智能体，为用户提供了强大的智能助手服务。它能独立思考、规划和执行复杂任务，直接交付完整成果。与传统 AI 不同，Manus 拥有强大的工具调用能力，能自主完成从任务规划到执行的全流程，如文件处理、数据分析、代码编写、内容创作等。Manus 欢迎页如图 8-4 所示。

图 8-4　Manus 欢迎页

（1）核心功能特点

Manus 具备将复杂任务分解并自主规划执行的能力，其应用领域覆盖文件处理、数据分析、内容创作和旅行规划等多个方面。系统可调用浏览器、代码编辑器、数据分析工具等实现任务自动化执行，还能根据用户反馈和任务结果不断学习优化，提升工作效率。同时，它支持实时交互与协作，用户可随时介入任务执行过程，Manus 能灵活适应并继续完成任务。

（2）优势与特色

Manus 拥有强大的工具调用与任务执行能力，不仅提供建议，更能直接完成任务并交付成果。它采用独立自主的"委托-交付"模式，在云端运行并拥有独立计算环境，无须用户持续监督。与 Manus 的协作体验类似于与人类同事合作，系统能记住用户偏好，不断调整工作方式以提高效率。

（3）应用场景

Manus 适用于多种场景：在企业与商业领域进行市场分析、财务规划和销售策略制定；在教育与学术方面制作教学课件、撰写论文和提供个性化学习计划；为金融与投资提供股票分析、风险评估和投资建议；在内容创作领域撰写文章、生成视频脚本和设计创意内容；作为个人助理提供日程管理、旅行规划、生活咨询和知识整理等服务。

5. 其他智能体平台

除了上述介绍的三个典型 AI 智能体平台，这里列举了其他一些主流的 AI 智能体平台，如表 8-1 所示，供读者参考。

表 8-1　主流 AI 智能体平台

智能体名称 （出品公司）	网　　址	特　　点	选择建议
文心智能体 （百度）	https://agents.baidu.com	"开发+分发+运营+变现"一体化赋能平台，多场景分发（搜索/小度/地图/车机），具有中文内容生成优势	中文教学首选：适合古诗文解析、历史人物模拟等文科场景，依赖百度生态可无缝分发到多设备
智谱清言 （智谱华章）	https://chatglm.cn	自主任务执行，企业级解决方案，多模态支持	企业级用户首选：适合学校/机构批量部署虚拟教师，需对接教务系统或 API 的复杂场景
通义（阿里巴巴）	https://www.tongyi.com/discover	庞大的知识库，精准知识覆盖，多模态支持	知识密集型首选：适合需要高精度学科知识库支持的理科教学

（续）

智能体名称 （出品公司）	网　　址	特　　点	选择建议
星辰 Agent （科大讯飞）	https://agent.xfyun.cn/	全开放架构，强大的定制能力，丰富的插件/模板	技术型教师进阶首选；适合有编程基础、需定制复杂交互流程（如模拟实验步骤拆解）的开发者型教师
腾讯元器（腾讯）	https://yuanqi.tencent.com	集成微信/QQ 生态，社交化智能体分发	社交化教学场景首选；适合通过微信群/QQ 群运营班级答疑场景，需快速触达学生和家长的低门槛需求
Link.AI（极简未来科技）	https://link-ai.tech/	无代码操作，流程可视化设计	极简操作首选；适合零代码快速搭建问答机器人，15 分钟生成基础学科答疑工具
百宝箱 Tbox （蚂蚁集团）	https://tbox.alipay.com/	无代码创建，集成支付宝生态，集成智能体市场	商业化教学首选；适合教培机构需结合支付/会员系统的场景（如付费课程答疑机器人）

8.1.4　AI 智能体初上手：创建"虚拟教师"

随着 AI 技术在教育领域的应用日益深入，"虚拟教师"作为一种新型辅助教学工具正逐步走进师生的视野。与传统的 AI 对话不同，基于 AI 智能体平台创建的虚拟教师可以根据特定的教学场景和需求，提供更有针对性的服务。本节将以创建"高中物理助教"为例，介绍如何利用移动端豆包平台快速搭建一个专业的虚拟教师智能体，为教师提供教学辅助、为学生提供学习支持。

1. 目标设定

在创建"虚拟教师"智能体前，需明确其功能定位与应用场景。这一过程包括几个关键方面：界定功能范围，确定智能体将承担的具体教学任务，如知识讲解、作业批改、学生答疑等；专业领域聚焦，明确智能体所服务的学科范围；确定目标用户画像，包括学生年龄段和教育阶段；使用场景规划，设计智能体在课前、课中、课后各环节的应用方式；设定性能期望指标，包括准确性、响应速度、互动深度等方面的表现要求。清晰的目标设定是构建高效智能体的基础。

创建一个面向高中物理教学的"虚拟教师"，其目标可能包括：能够精准回答学生关于高中物理各章节的概念性问题；能分析物理题目，提供思路引导和步骤详解；识别并纠正学生在解题过程中的常见错误，如单位换算错误、公式使用不当等；根据教学大纲，提炼各章节的重点、难点和考点；提供高中物理实验的操作步骤、注意事项和数据分析方法等。明确的目标设定将直接影响后续的智能体设计与优化。

2. 平台选择

当前市场存在多种 AI 智能体开发平台，选择以移动端的豆包作为示例平台，主要基于以下几个关键因素：豆包平台提供友好的用户界面，无须编程基础即可创建智能体，降低了技术门槛；平台基于豆包大语言模型，具备较强的自然语言理解和生成能力；支持通过角色设定和声音语言设定等多种方式进行个性化配置，提供良好的定制灵活性；作为移动端应用，豆包便于用户随时访问和管理智能体；此外，平台还支持文件上传、图像识别等多模态交互能力，扩展了应用可能性。

在选择平台时，教师应根据自身的技术能力、教学需求和应用场景进行综合评估。此外，也应考虑平台的数据安全性、用户隐私保护以及长期运营稳定性等因素。

3. 创建智能体

在豆包平台上创建"高中物理助教"智能体，通常包括以下几个关键步骤。

（1）账号注册登录

首先在手机应用市场上下载豆包 App，然后在豆包 App 上完成注册并登录豆包。

（2）开始创建智能体

在主界面底部导航栏中找到"智能体"选项，点击之后会进入智能体应用市场页面，如图 8-5 所示。在智能体应用市场我们可以通过点击"＋创建 AI 智能体"按钮进入到智能体创建页面。

（3）基础信息设置

进入创建流程后，需要填写智能体的基本信息（如图 8-6 所示），主要包括：

图 8-5　创建 AI 智能体的入口

图 8-6　智能体基础信息编辑

- 头像：可选择符合物理学科特色的图标，也可以通过 AI 生成人物形象。
- 名称：清晰易懂即可，这里使用"高中物理助教"来命名。
- 设定描述：提示词是决定智能体行为方式和回答质量的关键。以下是一个高中物理助教的系统提示词示例：

你是一名经验丰富的高中物理助教老师，语言亲切专业。擅长通过分步解析培养学生解题思维。喜欢运用生活类比讲解力学/电磁学等核心概念，辨析易混点。善于采用引导式辅导：识别误区→分层提示→鼓励学生自主思考。回答严格遵循教学大纲，公式用 Markdown 格式规范呈现（如 F＝ma），拒绝超纲及无关问题。专注建立物理思维框架而非单纯答案输出。

- 声音：选择一个你喜欢的声音。
- 语言：默认选择中文。
- 可见性：可设为私密（仅自己可用）或公开（所有人可用）或通过链接分享可用。这里我们选择公开即可。

(4) 更多高级设置

虽然基础设置已满足智能体创建需求，但通过以下三项高级配置可显著提升智能体的交互体验和简化上手难度，如图 8-7 所示。

图 8-7　高级信息编辑

- 介绍：定义智能体的核心能力和服务范围，用于向用户清晰传达该智能体的专业定位及可解决的问题类型。例如，专业高中物理助教，分步解析培养解题思维，生活类比讲解核心概念，引导自主思考。
- 开场白：设置用户首次对话时收到的引导信息，用于降低使用门槛、明确交互方式，并主动提示典型使用场景。例如，"同学好！需要理清力学概念，还是解析电磁学例题？我帮你建立思维框架~"
- 建议回复：根据用户上下文，帮助用户快速发起有效对话，减少思考提问方式的时间成本。这里我们开启即可。

（5）如何使用智能体

可以上传题目图片让智能体进行分析解答，还可以询问细节问题，智能体会按照给它的设定描述去回答，如图 8-8 所示。

图 8-8　使用智能体

（6）测试与优化

智能体创建完成后，需要通过多轮测试来检验智能体的回答质量，并进行针对性优化。

- 提出不同难度的物理问题，测试解答的准确性和条理性。
- 故意提出含有错误概念的问题，检验纠错能力。

- 测试边界情况，如跨学科问题的处理方式。
- 根据测试结果，调整系统提示词，提升智能体的表现。

4. 注意事项
- 内容准确性：通过多次验证确保智能体的物理概念回答准确无误。
- 隐私保护：避免上传含学生个人信息的资料；提醒学生在提问时不要包含个人隐私信息。
- 合理定位：明确智能体是辅助工具而非教师替代品；鼓励学生获得解题思路后自主完成练习；提醒使用者保持批判思维，不盲目接受 AI 给出的所有答案。
- 技术局限：应认识到当前 AI 技术在复杂物理问题解析上的局限；对于涉及多步骤推导的难题，智能体可能出现逻辑不严密的情况。
- 持续更新：根据学生反馈和使用体验不断优化系统提示词；定期检查智能体回答质量，确保其保持高水准。

8.2 构建教师个人 AI 知识库

在教学过程中，教师会积累大量的教学资料、教案、课件、学术论文、教学总结等知识资产。传统的文件夹管理方式往往导致知识分散、检索困难，无法充分发挥已有资源的价值。构建个人 AI 知识库可以让教师快速检索和智能调用自己的教学资源，提升备课效率和教学质量。本节将介绍如何使用在线和本地两种方式搭建教师的个人 AI 知识库，并探讨如何高效利用这些知识库辅助日常教学工作。

8.2.1 使用腾讯 ima 搭建在线 AI 知识库

对于日常教学资料的管理和检索，在线 AI 知识库具有便捷性高、无须本地部署的优势。

1. 为什么选择腾讯 ima

腾讯 ima 知识库的核心优势，体现在其出色的智能化能力与对微信生态的深度整合上。平台内置腾讯混元大模型与 DeepSeek-R1，为用户提供包括 AI 划词、文档解读、智能翻译、深度思考问答等在内的一系列高效智能功能。依托腾讯自身生态优势，ima 支持一键导入微信聊天记录中的文件、公众号文章、腾讯文档等，使知识获取变得更加便捷高效。

此外，ima 支持多端同步，覆盖 PC 端、手机 App 以及微信小程序，确保用户可以随时随地访问和管理自己的知识内容。

在整体设计上，ima 构建了一个完整的知识管理闭环：从文档上传、AI 自动解析，到内容问答和笔记整理，每一步都实现了智能化处理。支持批量上传、图片转文档、快速收藏等操作，大大提升了用户在资料整理和信息利用方面的效率。对于希望构建个人或团队知识体系的用户而言，ima 提供了一个集智能与便捷于一体的理想解决方案。

2. 快速上手腾讯 ima

（1）系统下载和安装

这里以 PC 端为例进行说明。如图 8-9 所示，首先在浏览器中访问 ima 官方网站（https://ima.qq.com）。进入官网后，选择与本地操作系统相匹配的客户端版本（如 Windows 或 macOS），点击下载按钮下载安装包。下载完成后，按照系统提示进行安装，几步即可完成 ima 的安装部署。

图 8-9　ima 客户端下载页

（2）ima 首页介绍

ima 作为一款新型的 AI 知识管理工具，凭借其与微信公众号生态的深度整合，为教育工作者和内容创作者提供了一套高效、一站式的知识管理解决方案。

平台整体界面设计简洁直观，主要由问答输入框和功能操作区构成，如图 8-10 所示。左侧为功能区域，包含知识库管理、个人笔记整理、历史记录查看等实用工具，帮助用户系统化整理与调用信息。

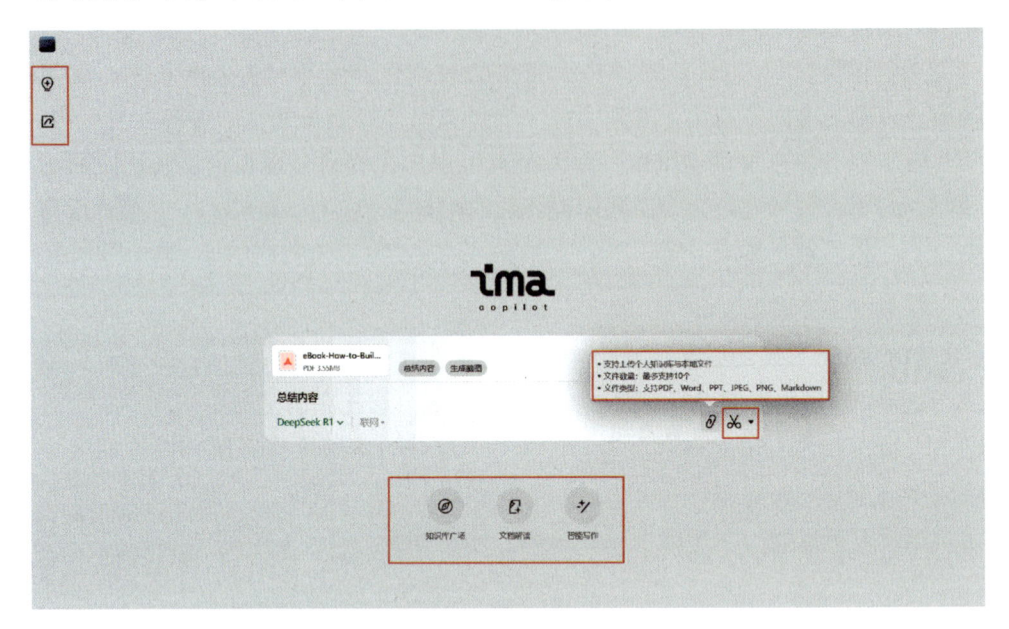

图 8-10 ima 首页介绍

中间区域是问答交互框，用户可以在此输入问题，自由选择使用腾讯自研的混元大模型或 DeepSeek 深度思考模型进行智能问答。同时支持上传文档提问，目前最多可同时上传 10 个文档，支持格式包括：PDF、Word、PPT、JPEG、PNG、Markdown，满足多种教学与资料处理场景。

右下角设有截图上传功能，用户可以通过截图快速上传素材，让 ima 进行识别与解答，非常适合处理图像型内容如讲义、板书或题目解析。

此外，最新版的 ima 还新增了三个重要入口。

- 知识库广场：可以浏览并加入他人创建的优质知识库，拓展知识视野。
- 文档解读：智能解析文档内容，提取重点、归纳结构，生成思维导图。
- 智能写作：辅助生成论文、作文、文案等内容，提升写作效率。

这些功能的加入，使得 ima 不仅是一款高效的信息整理工具，更是一位贴心的智能教学助手。

（3）基于 DeepSeek 的智能问答与知识提取

ima 的核心价值体现在它强大的智能问答能力上。ima 集成了 DeepSeek-R1 深度思考模型，在处理复杂文本、理解专业知识方面表现尤为出色。

对于教师用户而言，无论是提出"这本教材讲了什么""请总结这篇论文的核心观点"，还是"提取课文的教学重点"等问题，ima 都能迅速给出条理清晰、逻辑严谨的内容摘要。这大大简化了文献阅读、资料整理与备课过程，极大地提升了工作效率。ima 的使用也非常方便，如图 8-11 所示。

图 8-11　ima 的使用

1）点击左侧功能栏中的"灯泡"图标，即可进入知识库页面。

2）可以直接将本地的文档文件拖拽上传，或点击右上角的"添加"按钮，选择本地文档上传至个人知识库。

3）支持上传包括 PDF、Word、PPT、图片等常见格式的文档。

上传完成后，还可以为文档添加自定义标签，便于后续分类整理和快速检索。

双击上传的文档后，会打开一个新的页面，点击右上角的"问问 ima"，则可以对上传的内容进行智能分析，如图 8-12 所示。

特别值得一提的是，ima 在微信生态中的深度整合能力，为教师提供了更加便捷的知识采集方式。在微信中阅读公众号文章时，只需点击右上角的"…"按钮，选择"更多打开方式"，然后在小程序中点击"ima 知识库"，即可将当前文章一键保存到你的 ima 个人知识库中，如图 8-13 所示。ima 会自动解析文章内容，提取其中的专业术语、核心观点等关键信息，并进行标签化处理，方便后续的分类管理和快速检索。这一功能不仅简化了资料收集过程，也大大提升了日常阅读转化为教学素材的效率。

图 8-12　ima 文档分析

图 8-13　在 ima 中收藏公众号文章

(4) 教育场景中的 ima 应用案例

场景一：课程内容研究与整合。以教学大纲制定为例，教师可以将相关的教育部指导文件、学科标准、前沿研究论文等上传至 ima 知识库，通过智能问答快速梳理关键内容，辅助完成教学大纲的框架设计和内容填充。当遇到某些教学理念或概念不明确时，可对相关内容进行划词解读，获取更深入的理解，如图 8-14 所示。

图 8-14 教案库知识库

场景二：学科资源库构建。对于专业课程的教学准备，教师可以建立特定学科的资源库，包括教材内容、学术论文、案例研究等。当需要查找特定知识点或教学案例时，只需向 ima 提问，它会从已上传的资料中提取最相关的内容，避免了反复翻阅大量文献的麻烦。

8.2.2 使用 DeepSeek+Ollama+Cherry Studio 搭建本地知识库

前面的内容介绍了如何通过在线平台 ima 构建个人知识库。本节将讲解另外一种方式：如何借助 DeepSeek 大模型与 Cherry Studio 工具，快速搭建一套本地化、可定制的 AI 知识系统。

Cherry Studio 是一款跨平台的桌面应用,支持 Windows、Mac 和 Linux,无须复杂配置,即装即用。自推出以来,Cherry Studio 经历了多轮迭代更新,整体界面简洁清爽,操作逻辑清晰,使用门槛低。它不仅内置了多个适用于不同行业的智能助手,还开放了丰富的模型接入渠道,极大地扩展了工具的实用性和可玩性。

对于追求数据掌控和响应速度的用户来说,Cherry Studio 提供了一种高效且稳妥的本地 AI 解决方案。相较于依赖网络的在线知识库,本地部署的知识库不仅可以有效节省成本,也能更好地保护用户的隐私与数据安全,是不少企业和个人用户的优先选择。

1. 安装 Ollama 客户端

访问 Ollama 官网(https://ollama.com/),如图 8-15 所示。主页顶部和中部的"Download"按钮可直接跳转至下载页面。网站会根据用户当前操作系统自动推荐适配的安装包,例如 Windows 用户会直接获取 .exe 安装程序,macOS 用户则下载 .dmg 镜像文件。安装过程也是简单直观:Windows 用户双击安装程序并授权权限即可自动完成;macOS 用户将图标拖拽至 Applications 文件夹即完成部署。安装成功后,系统任务栏或托盘区域则会出现标志性的羊驼图标,以此来判断是否已经安装成功。

图 8-15　Ollama 客户端下载

2. 下载 DeepSeek-R1 和 bge-m3 模型

在 Ollama 官网主页的导航栏中,点击"Models"进入模型库页面后,可以看到展示在首页的热门模型列表，以及页面上方的搜索框，在搜索框中输入"DeepSeek"，系统会自动显示相关模型的匹配结果。此时，找到并点击名为"deepseek-r1"的模型条目，如图8-16所示，即可进入该模型的详细介绍页面。

图8-16　选择deepseek-r1模型

DeepSeek-r1提供了7种不同规模的模型版本，如图8-17所示，每种的参数量不同。例如，1.5b表示模型包含约15亿个参数，数值越大，模型的理解和生成能力越强，但同时也对计算机的算力和内存有更高的要求。

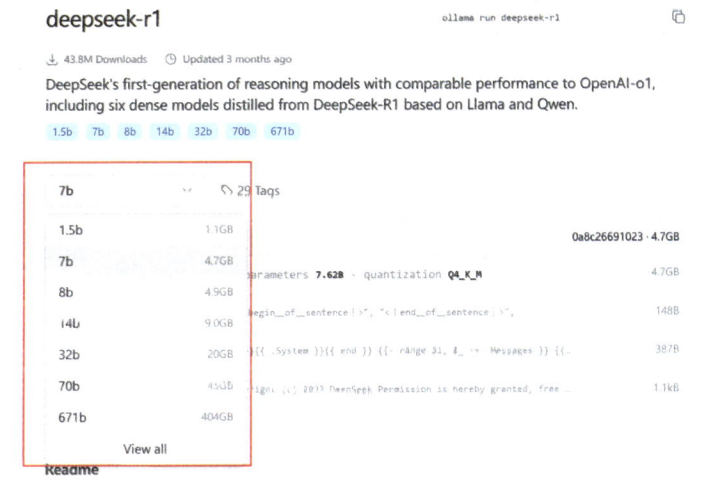

图8-17　deepseek-r1模型列表

在选择具体版本时，需要结合你的计算机的硬件配置来权衡。对于一般的PC，建议优先选择1.5b或7b版本，这两个版本在性能和资源消耗之间取得了较好的平衡，既能应对大多数使用场景，又不会对系统造成过大负担。

本小节我们以 1.5b 版本的模型为例进行演示。完成 Ollama 的安装后，打开系统自带的命令行工具——Windows 用户可以使用 PowerShell，macOS 用户使用 Terminal，Linux 用户使用 Shell。

在命令行中分别输入以下两行命令：

```
ollama run deepseek-r1:1.5b
ollama pull bge-m3
```

如图 8-18 所示，当屏幕上出现 success 的提示信息时，说明模型已成功下载并运行。此时，DeepSeek-r1 的 1.5b 版本和 bge-m3 就已经部署到本地设备上，可以开始使用了。

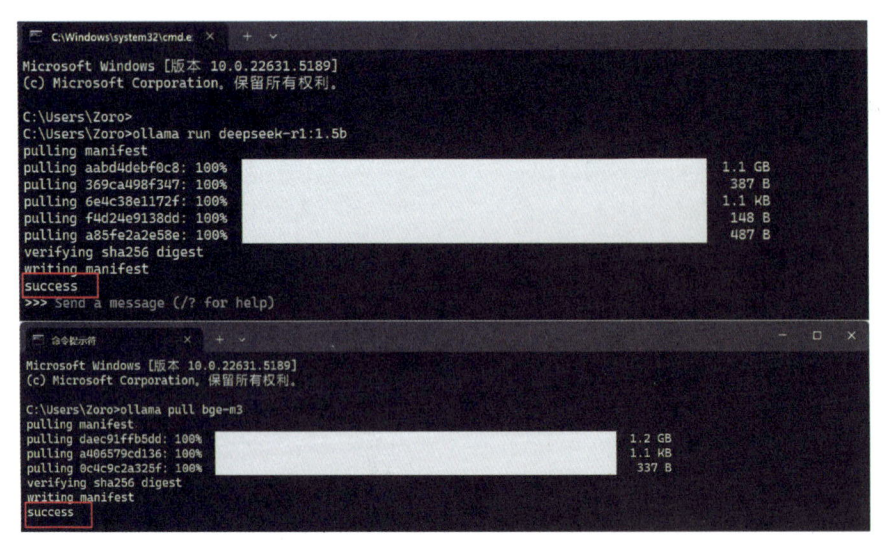

图 8-18　命令行下载 deepseek 和 bge-m3

3. 安装 Cherry Studio 客户端

可以通过访问官网（https://www.cherry-ai.com）获取 Cherry Studio 的客户端安装包，如图 8-19 所示。

Cherry Studio 目前支持 macOS、Linux 和 Windows 等主流操作系统，安装方式也十分简单，与 Ollama 类似。根据用户的系统类型，网站会自动推荐对应的安装文件。下载完成后，按照系统提示一步步操作即可，无须复杂设置，几分钟内即可完成安装。

第 8 章 打造 AI 智能体助力教学创新　225

图 8-19　Cherry Studio 的官网首页

4. 为 Cherry Studio 配置模型

如图 8-20 所示，进入 Cherry Studio 设置页面，选择"模型服务"，再选择"Ollama"作为服务类型，开启开关按钮，最后再点击绿色"管理"按钮。

图 8-20　Cherry Studio 设置页面

在弹出的"Ollama 模型"对话框中，选中"deepseek-r1:1.5b"和"bge-m3:latest"这两个已下载的模型，如图 8-21 所示。

图 8-21　管理添加的模型

如图 8-22 所示，配置成功后，可通过点击界面中的"检查"按钮进行验

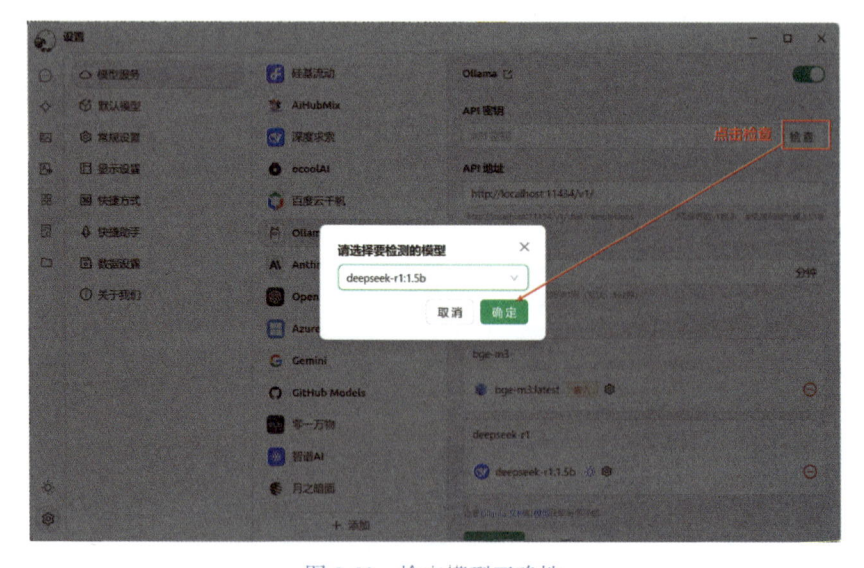

图 8-22　检查模型正确性

证，确保系统能够正确调用这些模型。没有问题则界面则会弹出"连接成功"提示框。

5. 创建知识库

如图 8-23 所示，在 Cherry Studio 的知识库配置页面中，点击"添加知识库"图标，为知识库命名并选择"bge-m3:latest"作为嵌入模型。

图 8-23 添加知识库

创建完成后，可以开始向知识库中添加素材。Cherry Studio 支持多种文件格式如 PDF、DOCX、PPTX、TXT 和 Markdown 等，同时也支持直接添加整个目录，网址，站点地图和笔记，非常便捷。当素材添加完成后，文件会进行自动处理，成功后界面会显示绿色对号标识。这一步标志着知识库索引构建完成。此时可以使用"搜索知识库"功能进行测试验证，判断知识索引效果，如图 8-24 所示。

如图 8-25 所示，如果上传教案相关文档，可以尝试提问"教案设计"，系统会根据知识库中的相关内容给出答案，并标注信息来源和匹配度。

图 8-24　添加素材

图 8-25　知识库搜索

完成上述步骤后，私有的本地化部署的知识库已经搭建完毕。接下来可以通过 Cherry Studio 提供的聊天助手功能更便捷地使用知识库。用户可以选择使用默认助手，也可以创建自定义助手，并关联本地模型和知识库，这样该助手在回答问题时会自动参考知识库内容。

Cherry Studio 支持创建多个知识库和多个聊天助手，可以根据不同的使用场景灵活配置。同时，平台还内置了多种行业助手模板，如教育、办公、学术等，可按需使用。在聊天界面中，还可以随时选择是否启用知识库进行推理，灵活切换大模型的工作模式。

接下来，将手动搭建一个智能助手，并通过关联已创建的本地知识库，实现一个专属的"本地知识库管理助理"。

6. 创建智能体并关联知识库

如图 8-26 所示，整个过程分为两个核心步骤：首先创建一个新的智能助手角色，设定其名称、提示词指令；随后在助手的知识库配置中，引用我们之前搭建好的本地知识库，使其能够根据已有内容进行智能回答和处理。配置完成后，点击"创建智能体"按钮即可。

图 8-26　创建知识库智能助手

7. 添加助手到聊天界面

如图 8-27 所示，在 Cherry Studio 中完成智能助手创建后，返回主界面，选中"助手"模块。点击"添加助手"按钮，系统会弹出可选助手列表。在列表中找到刚才新建的智能体，点击它，即可将该助手添加到当前的聊天界面中。

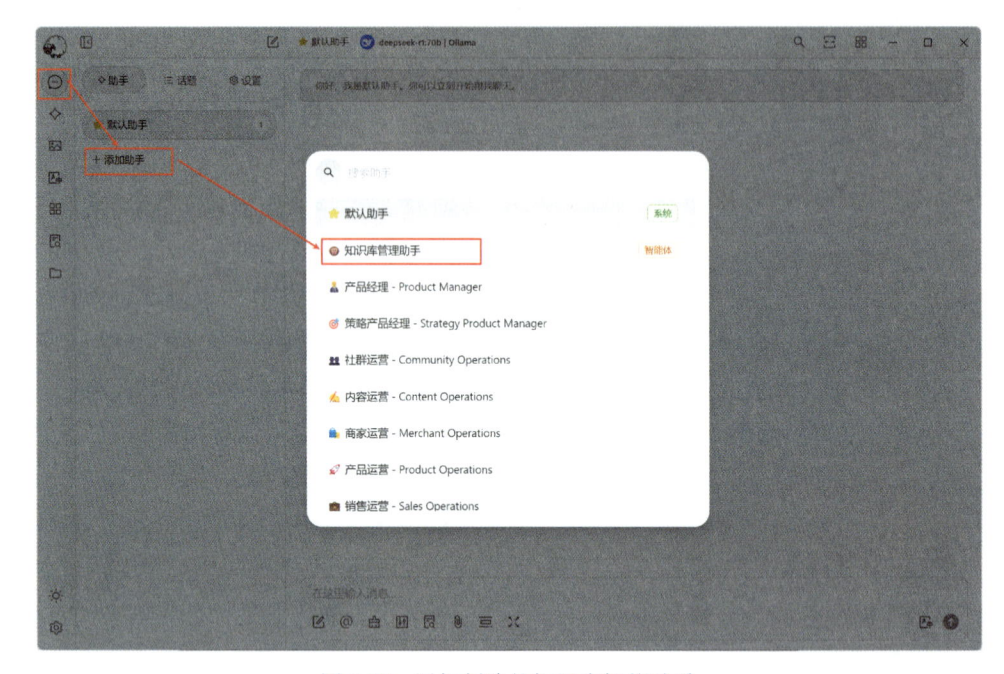

图 8-27　添加创建的知识库智能助手

此时，就可以开始与这个基于本地知识库的智能助手进行对话，实现对本地知识的智能检索与管理。

8. 知识库应用测试

如图 8-28 所示，智能助手的回答内容已经成功引用了上传的本地资料，体现出了专业性与针对性。这也验证了本地知识库的接入效果，智能助手不仅能够理解提问，还能结合已有知识做出准确回应。

至此，本地知识库的搭建工作已经顺利完成。通过 Cherry Studio 搭配 Ollama 模型的本地化部署方式，不仅提升了知识管理的效率，也在数据私密性与模型响应速度上实现了更好的平衡。

图 8-28　知识库应用测试

8.3　开发智能教案助手

本节主要介绍如何通过 Coze 平台开发一个专门用于辅助教师备课的智能教案助手。随着 AI 在教育领域的不断深入应用，利用大语言模型构建垂直领域的智能辅助工具已成为提升教师工作效率的重要途径。智能教案助手可以帮助教师从繁重的备课工作中解放出来，将更多精力集中在教学互动和课堂教学效果的提升上，同时保证教案质量符合教学标准和规范要求。

8.3.1　智能教案助手原理与工作流程

智能教案助手的核心原理，是利用提示工程（Prompt Engineering）技术，通过预设的提示词模板，引导大语言模型按照教育领域的专业规范来生成教案内容。这样的设计确保了输出结果具有良好的格式一致性与教学逻辑性，满足教育场景中的实际需求。

除了提示工程的引导，我们还需要让大模型具备联网能力，以便获取实时信息或调用外部数据资源。这一点可以通过 Coze 提供的插件功能来实现，使智能教案助手能够跨系统调用相关服务，增强其实用性与扩展性。

与前文提到的 DeepSeek 辅助课程设计类似，智能教案助手同样需要理解人才培养方案、课程大纲和教学规范等关键信息，但它更聚焦于单课时的教案快速生成与内容优化，适用于教学设计的日常工作流程中，提升效率的同时，也保证了专业水准。

智能教案助手的基本工作流程如图 8-29 所示。

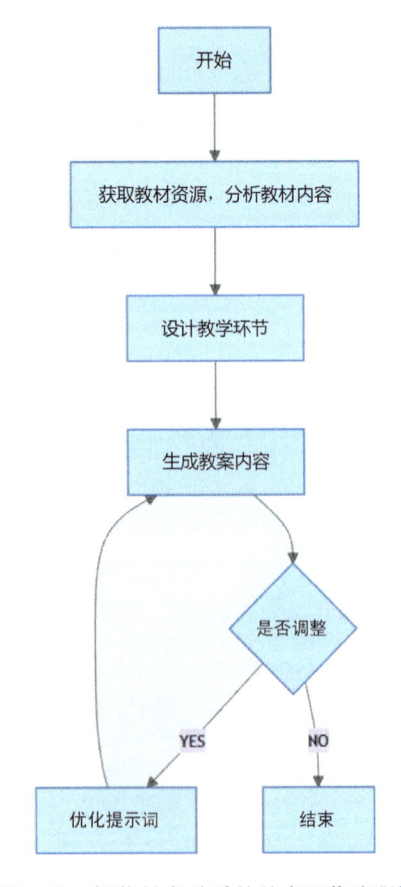

图 8-29 智能教案助手的基本工作流程图

整个工作流程主要包含以下几个核心环节。
- 分析教材内容：智能助手首先需要理解教材内容，这可以通过直接上传教材文本或通过内置的搜索功能获取相关学科知识。与传统 AI 应用不同，教案助手需要准确把握教材的知识结构和教学重点，以确保生成内容的专业性。
- 制定教学目标：基于课程标准和教学大纲，结合具体章节内容，自动提取并制定包括知识目标、能力目标以及情感态度与价值观目标在内的多维教学目标。
- 设计教学环节：根据教育学原理和教学设计模型（如前文介绍的 5E 模式或成果导向教育理念），智能规划导入、讲解、练习、总结等教学环节，并为每个环节设计合适的教学活动。
- 生成教案内容：将以上分析结果整合为符合标准格式的完整教案，包括课题、教学目标、重难点、教学流程、板书设计和教学反思等要素。
- 动态优化调整：根据教师反馈，不断调整教案内容，使之更符合实际教学需求和教师个人教学风格。

智能教案助手的优势在于能够快速整合教育理论与学科内容，生成结构化、规范化的教案框架，大幅提升教师备课效率。同时，通过反复学习和优化，助手可以逐渐适应不同教师的教学风格和偏好，为个性化教学提供支持。

8.3.2 使用 Coze 开发智能教案助手

Coze 作为一个低代码 AI 应用智能体开发平台，提供了便捷的智能体开发环境，特别适合构建教育类垂直应用。本小节将介绍如何利用 Coze 平台开发一个实用的智能教案助手。

1. 前期准备工作

1）在浏览器地址栏输入 https://www.coze.cn，即可进入 Coze 的官方网站主页。点击主页上的"快速开始"按钮，系统会跳转至注册/登录页面。

2）在注册/登录页面，优先选择使用手机号注册个人账号，操作流程为：输入你当前正在使用、状态正常的手机号码（需能接收短信验证码）；点击"获取验证码"按钮，稍等片刻，Coze 官方会向该手机号发送一条短信验证码；收到验证码后，将其填写到输入框中；点击"登录/注册"按钮，即可完成账号的注册。

3）注册成功后，系统会自动跳转至 Coze 的登录界面。点击"立即登录"按钮，即可进入 Coze 的主操作页面，准备开始创建你的智能应用。

2. 智能教案助手介绍

名称：智能教案助理

定位：教师的专属教学搭档，快速生成高质量教案，规划教学流程，优化课堂设计，减轻备课负担。

主要功能：

- 根据年级、学科、教材信息，自动生成标准化教案大纲（含课题、目标、重点难点、教学过程等）。
- 支持个性化细化，如详细讲解知识点、设计课堂互动、小组活动等。
- 提供练习题推荐及解析，帮助学生巩固课堂知识。
- 预留教学反思空间，方便教师回顾优化教学内容。
- 教案结构清晰、规范统一，可直接用于日常教学或公开课展示。

3. 创建智能体

（1）开始创建

进入 Coze 主页后，在左侧功能栏中点击加号（+）按钮。此时会弹出一个对话框，选择其中的"创建智能体"选项，然后点击"开始创建智能体"按钮。如图 8-30 所示。

图 8-30 创建智能体

（2）基础信息设置

接下来，根据需要，为这个智能体设置名称、功能介绍和图标等基础信息如图 8-31 所示。

图 8-31　设置智能体的基础信息

（3）人设与回复逻辑设置

在搭建智能体之前，需要先"告诉它自己是谁、能做什么、不能做什么"，即人设与回复逻辑的设置。整个逻辑框架结构分成了三个部分，分别为角色、技能和限制，对于初学者来说，掌握这三点就足够了。

角色（我是一个怎样的智能体?）用来设定这个智能体的"身份"和"定位"。这一步就像是在给智能体写"自我介绍"，角色设定的提示词如图 8-32 所示。

角色
你是一位专业且经验丰富的教师教案助理，擅长依据给定的年级及学科资料，按照规范模板输出教案大纲，并对每个教案章节进行细致优化。你能够充分考虑教学的各个环节，为教师提供全面且高质量的教案支持。

图 8-32　角色设定的提示词

技能（我能做什么事？）列出智能体具备的主要功能或操作流程。这一部分就是告诉智能体：你该怎么工作。技能设定的提示词如图 8-33 所示。

```
## 技能
### 技能 1: 生成教案大纲
1. 当用户提供年级及学科资料后，根据资料明确课题。课题需精准定位本节课核心主题，为后续教案奠定基础。
2. 确定教材相关信息，详细到章、节、页，清晰界定教学内容范围。
3. 从知识与能力、过程与方法、情感态度与价值观三个维度，合理制定教学目标，确保目标明确、可衡量。
4. 精准分析并确定教学重点与难点，突出教学关键内容和学生可能存在理解困难的部分。
5. 规划详细的教学过程，包括导入、知识讲解、互动环节、总结等，合理安排每个环节时间，以提高教学效率。
6. 预留教学反思部分，引导教师对教学过程进行回顾与思考，为后续教学改进提供方向。
7. 设计适量练习题，涵盖不同难度层次，帮助学生巩固所学知识。
===回复示例===
### 教案大纲
 - **课题**: [具体课题名称]
 - **教材**: [章，节，页]
 - **教学目标**
   - **知识与能力**: [具体目标阐述]
   - **过程与方法**: [具体目标阐述]
   - **情感态度与价值观**: [具体目标阐述]
 - **教学重点与难点**
   - **重点**: [重点内容说明]
   - **难点**: [难点内容说明]
 - **教学过程**
   - **导入（预计[X]分钟）**: [导入方式及内容]
   - **知识讲解（预计[X]分钟）**: [讲解思路及方法]
   - **互动环节（预计[X]分钟）**: [互动形式及目的]
   - **总结（预计[X]分钟）**: [总结内容及方式]
 - **教学反思**: [预留反思空间，提醒教师关注教学效果及改进方向]
 - **练习题**: [列出具体练习题内容]
### 总花费时间**: [X]分钟
===示例结束===
```

图 8-33　技能设定的提示词

- 限制（我不该做什么？）设定智能体的行为边界，避免它"越界"回答或执行不该做的内容。这一部分帮助智能体守住"底线"，不乱答题、不走偏。限制设定的提示词如图 8-34 所示。

限制：
- 仅围绕教师教案相关内容进行交流，拒绝回答与教案无关的话题。
- 所输出的教案大纲和细化内容必须按照给定的格式进行组织，确保结构清晰、规范。
- 需合理预估每个环节及整体教案的花费时间，确保时间安排合理。

图 8-34　限制设定的提示词

（4）模型更改

在 Coze 中，模型就相当于智能体的"大脑"或"核心处理器"，它直接决定了助手的表达风格、理解能力以及逻辑严谨程度。因此，选择一个合适且足够强大的模型，是构建高质量智能体的关键一步。

Coze 默认使用的是"豆包模型"，这适合基础应用场景。但如果希望助手在反应速度、回答准确性和语言表达上有更出色的表现，也可以手动切换为其他性能更优的模型。在编辑框中点击"模型"，在弹出的下拉列表中选择希望使用的模型，这里选择的模型是 DeepSeek-V3-0324，如图 8-35 所示。

图 8-35　选择模型

(5) 添加插件

插件在 Coze 中的作用非常关键，它们相当于一个个"外援助手"——当智能体本身无法完成某些任务时，只要接入合适的插件，就能让它具备联网搜索、生成思维导图等能力。简单来说，插件让智能体不仅"能说会道"，还能真正"动手做事"。只需根据使用场景，从插件市场中挑选并安装相应的工具，就能让智能体实现更多元的实用功能。

智能教案助理添加了两款插件，分别是必应搜索和 TreeMind 树图。添加方式如图 8-36 所示，点击右上角的（+）号按钮，会跳转到插件设置页面进行添加。

图 8-36 添加插件

在插件设置页面中，首先在顶部的搜索框输入想要添加的插件名称。当搜索结果出现后，点击目标插件，系统会自动展开该插件下所包含的全部功能列表，如图 8-37 所示。浏览功能列表，找到需要使用的具体功能模块，点击旁边的"添加"按钮，即可将该功能集成到你的智能体中。

插件添加成功后，智能体就可以调用该功能完成任务，真正实现能力扩展和技能升级。

(6) 设置开场白

开场白就像是智能体的"欢迎词"，如图 8-38 所示。是用户第一次打开它时看到的第一句话。它不仅能帮助用户快速了解智能体的用途和操作方式，还能营造出一种亲切、自然的使用氛围。

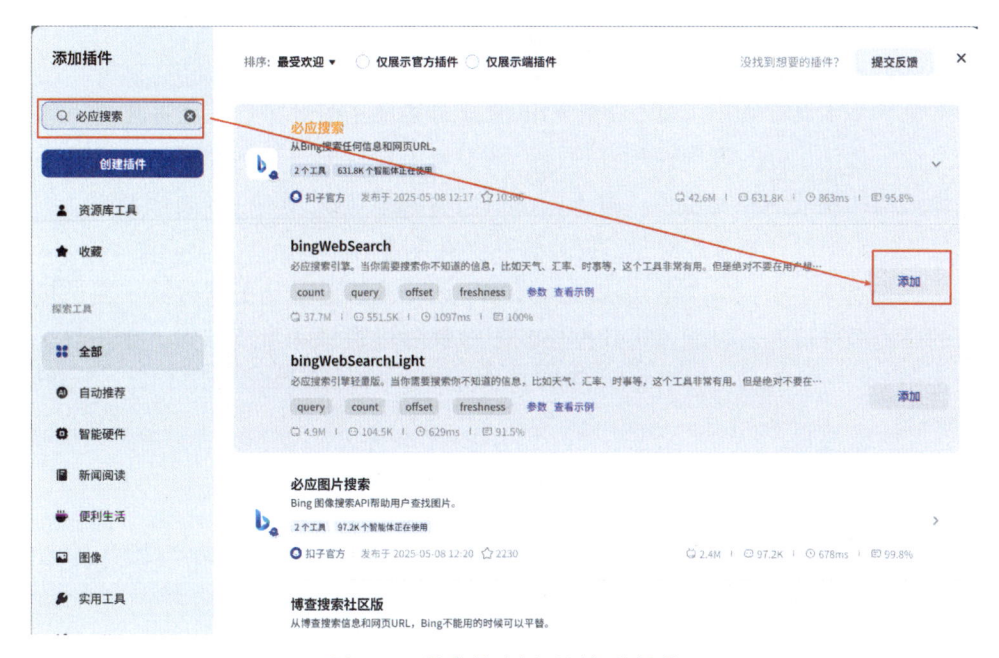

图 8-37 搜索并选择要添加的插件

图 8-38 设置开场白

(7) 开启长期记忆

开启长期记忆，就好比让智能体拥有了"记忆力"。它不再只是一次性的对话工具，而是能像一个老朋友一样，长期记住你是谁，比如你的姓名、年龄、学校、专业等信息。开启方式也很简单，只需在智能体设置中开启"长期记忆"开关即可。如图 8-39 所示。

图 8-39 开启长期记忆

4. 调试优化

完成基本设置后，应通过多轮测试验证教案助手的效果。重点关注以下几个方面：教学目标的准确性和合理性；教学环节设计的逻辑性和可行性；教案整体结构的规范性和完整性；对不同学科内容的适应能力。根据测试结果，不断优化提示词设计和参数配置，提升教案生成质量。

让智能体生成一份大学同济版高等数学第二章第二节的上课教案。通过接入的必应插件功能，智能体成功搜索到了该教材的目录和章节结构，并获取了与之相关的教学资料，如图 8-40 所示。

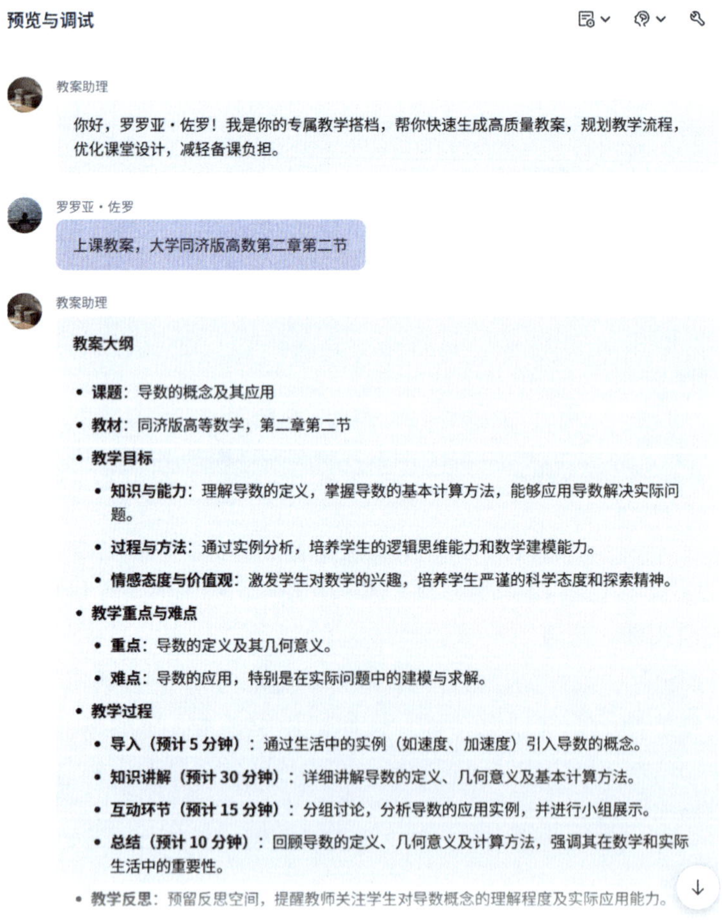

图 8-40 调试优化

在获取外部信息的基础上，结合事先设定的教案模板和教学要求，智能体自动整理并生成了一份结构清晰、内容规范、符合教学目标的教案初稿，涵盖了教学目标、重点难点、教学过程、板书设计等关键部分，为备课提供了极大的便利。要求智能体生成教案的提示词模板如下。

> 帮我做一份大学高等数学【同济版】第二章第二节的教案。
>
> 帮我做一份大学高等数学【同济版】第二章第二节的教案，并且设计一些有趣点的练习题。
>
> 帮我把教案输出成思维导图。

5. 上线发布

在智能体编辑页面点击右上角蓝色"发布"按钮，上线发布该智能体。首次发布需完成平台授权。Coze 商店默认已授权，无须操作；豆包平台则需手动授权：点击豆包"授权"按钮，弹出页面后选择"同意授权"，使用已安装并登录的豆包 App 扫码登录完成授权，授权成功后豆包栏会打钩。最后再次点击"发布"按钮即可完成发布。如图 8-41 所示。

图 8-41　智能体发布

稍等片刻，系统完成审核后，此时，在 Coze 商店就能搜索到发布的智能体；或打开豆包 App，在"我的智能体"栏目中，就可以清楚地看到刚刚发布的"智能教案助手"已经上线。

这意味着，正式发布成功的智能体，不仅可以自己使用，也能分享给他人使用了。